校企合作双元开发教材
高等职业教育测绘工程技能型人才培养实用教材

变形监测技术

主　编　◎　王占武
副主编　◎　唐双宁

西南交通大学出版社
·成都·

图书在版编目（CIP）数据

变形监测技术 / 王占武主编. —成都：西南交通大学出版社，2023.8（2025.1 重印）
ISBN 978-7-5643-9146-1

Ⅰ. ①变⋯ Ⅱ. ①王⋯ Ⅲ. ①变形观测 Ⅳ. ①TV698.1

中国版本图书馆 CIP 数据核字（2022）第 255363 号

Bianxing Jiance Jishu
变形监测技术
主编　王占武

责 任 编 辑	杨　勇
封 面 设 计	何东琳设计工作室
出 版 发 行	西南交通大学出版社 （四川省成都市金牛区二环路北一段 111 号 　西南交通大学创新大厦 21 楼）
发行部电话	028-87600564　028-87600533
邮 政 编 码	610031
网　　　址	http://www.xnjdcbs.com
印　　　刷	成都中永印务有限责任公司
成 品 尺 寸	185 mm×260 mm
印　　　张	10.75
字　　　数	229 千
版　　　次	2023 年 8 月第 1 版
印　　　次	2025 年 1 月第 2 次
书　　　号	ISBN 978-7-5643-9146-1
定　　　价	42.00 元

课件咨询电话：028-81435775
图书如有印装质量问题　本社负责退换
版权所有　盗版必究　举报电话：028-87600562

前言
PREFACE

随着国民经济的持续、快速发展，各种大型工程建筑物（水坝、桥梁、隧道、高层建筑物、高速公路、铁路、地铁等）如雨后春笋般涌现。这些建筑物在施工建设和运营管理中，由于受到外因及内因的影响，都会产生变形，一旦变形超出设计允许值，它们就可能遭到破坏，严重时还危及人民生命财产安全。变形监测就是通过对建筑物、构筑物周期性地观察、记录，掌握监测对象的变形规律，以便采取相应措施的科学。本书主要讲述了建筑物的沉降、水平位移、倾斜及内部变形监测的理论和方法。为了方便大家了解数据的处理，在本书中介绍了插值、拟合等方法，在数据的分析、预测内容中介绍了回归分析及神经网络等。另外，本书加入了一些实际案例以便于读者理解。

本书由王占武（辽宁省交通高等专科学校）任主编，唐双宁（辽宁省自然资源事务服务中心）任副主编。其中，王占武编写了第 1~3，6~11 章，唐双宁编写第 4、5 章。沈阳中地测绘科技有限公司孙小克、辽宁经纬测绘规划建设股份有限公司潘晓岩在本书的编写中提供了大量的支持与帮助，在此表示感谢。

由于编者水平有限，时间仓促，书中难免存在疏漏和不妥之处，敬请专家、学者及广大读者批评指正。

编 者
2022 年 10 月

目录

第1章 变形监测概述 ··· 001
1.1 变形监测的概念与意义 ·· 001
1.2 变形监测的对象与特点 ·· 002
1.3 变形监测技术 ·· 004
1.4 变形监测数据分析 ··· 004

第2章 建筑物的沉降监测 ·· 007
2.1 概 述 ··· 007
2.2 沉降监测网（点）的布设 ··· 009
2.3 精密水准测量 ·· 011
2.4 精密三角高程测量 ··· 023
2.5 流体静力水准测量 ··· 025

第3章 建筑物的水平位移监测 ··· 029
3.1 概 述 ··· 029
3.2 水平位移监测网（点）的布设 ·· 030
3.3 常规大地测量方法 ··· 033
3.4 基准线法 ·· 040
3.5 全球卫星导航定位系统测量法 ·· 047

第4章 建筑物的倾斜监测 ·· 051
4.1 经纬仪投影法 ·· 051
4.2 纵横距投影法 ·· 053
4.3 角度前方交会法 ·· 053

第5章 建筑物内部的变形监测 ··· 055
5.1 内部位移监测 ·· 055
5.2 应力及应变监测 ·· 058
5.3 地下水位及孔隙水压力监测 ·· 062
5.4 挠度监测 ·· 064

第6章 MATLAB 基础知识 ……………………………………… 067
6.1 MATLAB 简介 …………………………………………… 067
6.2 MATLAB 数值运算 ……………………………………… 068
6.3 MATLAB 图形绘制 ……………………………………… 076

第7章 变形监测数据的处理 …………………………………… 085
7.1 变形监测数据的预处理 ………………………………… 085
7.2 数据的插值与拟合 ……………………………………… 089

第8章 变形预测常用的方法 …………………………………… 097
8.1 回归分析法 ……………………………………………… 097
8.2 神经网络 ………………………………………………… 105

第9章 基坑工程变形监测 ……………………………………… 115
9.1 概　述 …………………………………………………… 115
9.2 基坑工程变形监测的内容与方法 ……………………… 117
9.3 基坑工程监测资料及报告 ……………………………… 123
9.4 基坑工程监测实例 ……………………………………… 124

第10章 隧道施工监测 …………………………………………… 133
10.1 隧道结构的认识 ………………………………………… 133
10.2 隧道施工概述 …………………………………………… 135
10.3 隧道监测的目的、任务与方法 ………………………… 140
10.4 隧道监测项目实施 ……………………………………… 143
10.5 隧道监测数据整理与分析 ……………………………… 147
10.6 隧道工程监测实例 ……………………………………… 147

第11章 边坡监测 ………………………………………………… 153
11.1 概　述 …………………………………………………… 153
11.2 边坡监测的作用与分类 ………………………………… 153
11.3 边坡监测的主要方法 …………………………………… 155
11.4 边坡监测的仪器选择 …………………………………… 157
11.5 边坡监测的内容 ………………………………………… 158
11.6 边坡监测实例 …………………………………………… 163

参考文献 …………………………………………………………… 166

第1章　变形监测概述

1.1　变形监测的概念与意义

1.1.1　变形监测的基本概念

变形是自然界的普遍现象，建筑学中的变形是指建筑物、构筑物等在各种荷载作用下，其形状、大小及位置的变化。变形体的变形量在一定范围内是允许的，但如果超出允许值，则可能引发事故。自然界的变形危害现象时刻都在我们周边发生，如地震、滑坡、岩崩、地表沉陷、火山爆发、溃坝、桥梁与建筑物的倒塌等，因此，必须对建筑物、构筑物等进行变形监测。所谓变形监测，就是利用测量及专用的仪器和方法对变形体的变形现象进行监测的工作，其任务是确定在各种荷载和外力作用下，变形体的形状、大小及位置变化的空间状态和时间特征。变形监测工作是人们通过变形现象获得科学认识、检验理论和假设的必要手段。

1.1.2　变形监测的目的和意义

工程建筑物、构筑物在施工和运营期间，受各种外在因素的影响，会产生变形，变形如果超出了规定的限度，就会影响建筑物的正常使用，严重时还会危及建筑物的安全，给人民生命财产带来巨大损失。因此，需对建筑物和构筑物进行监测，这是进行变形监测的目的之一，即分析和评价建筑物的安全状态。第二，我们在对建筑物、构筑物设计时往往采用一些经验公式或近似公式，其中会有些不符合实际的情况，因而在监测中可以验证设计参数。第三，变形监测可以在监视建筑物、构筑物安全状态的同时，反馈工程的设计施工质量。第四，获得建筑物、构筑物安全监测信息并加以分析，获得变形的规律和特征，建立有效的变形预报模型，为预报建筑物、构筑物变形趋势提供依据。

变形监测意义表现在通过监测可以掌握建筑物、构筑物和地质构造的稳定状态，为安全性诊断提供必要信息，及时发现问题，以便采取措施。另外，通过监测数据分析，可以更好地理解变形的机理，验证有关工程设计的理论，对工程进行反馈，以及建立有效的变形预报模型。

1.2 变形监测的对象与特点

1.2.1 变形监测的对象

变形监测的对象，应根据变形体的性质与基础情况来确定，要求有明确的针对性，既要有重点，又要作全面考虑，以便能正确反映出变形体的变化情况，掌握变形体的安全状态、了解其变形规律。

变形体的范畴可以大到整个地球，小到一个工程建筑物、构筑物等。根据变形体的研究范围，可将变形监测研究对象划分为三类：

（1）全球性变形研究，如监测全球板块运动、地极移动、地球自转速率变化、地潮等。

（2）区域性变形研究，如地壳形变监测、较大地区的地面沉降等。

（3）工程和局部性变形研究，如监测建筑物的三维变形、滑坡体的滑动、地下开采引起的地表移动和下沉等。

1.2.2 变形监测点

变形监测的测量点，按照《建筑变形测量规范》（JGJ 8—2007）可分为基准点、变形观测点和工作基点。

（1）基准点是为进行变形测量而布设的稳定的、需长期保存的测量控制点。其布设在稳固的基岩或变形区之外的稳定地区。每个工程一般要建立 3 个基准点，以便相互校核。

基准点分为水平位移基准点和沉降基准点。水平位移基准点常采用混凝土观测墩、井式混凝土观测墩等。沉降基准点的标石应埋设在基岩层或原状土中，埋设深度大于临近建筑物基础的深度，标石可根据点位所处的不同地质条件选埋基岩水准基点标石、深埋双金属管水准基点标石、深埋钢管水准基点标石、混凝土基本水准标石。在基岩壁或稳固的建筑上也可埋设墙上水准标志。对于基准点要定期进行观测，将观测结果进行统计分析，以判断基准点的稳定情况。水平位移基准点的稳定性通常采用三角测量法、极坐标法、全球导航卫星系统（GNSS）测量等方法。沉降基准点的稳定性采用精密水准法。

（2）观测点是布设在建筑地基、场地及上部结构的敏感位置上能反映监测体变形特征的测量点，亦称变形点，可分为水平位移观测点和沉降观测点。

（3）工作基点是直接观测变形点而在现场布设的相对稳定的测量控制点，是基准点和观测点间的过渡点。工作基点埋设在观测对象附近，可用浅埋钢管水准标石、混凝土普通水准标石或墙上水准标志等，要求在观测期间保持点位稳定，其点位由基准点定期检测。

1.2.3 变形监测的特点

变形监测是对测量方法、技术的综合运用，其与普通的测量既有相同点，又有区别，具体说来具有以下特点。

1. 测量精度要求高

与普通测量相比较，变形监测精度要求较高。1981年国际测量师联合会（FIG）第16届会议规定，在一般的变形测量中，要求观测值中误差不应超过变形允许值的1/20～1/10，或者是1～2 mm，而对一些具有科研目的的变形监测，观测值中误差不应超过变形允许值的1/100～1/20，或者0.2 mm。

2. 周期性重复观测

变形监测是周期性地对观测点进行重复观测，以求得变形体的变形规律及变形趋势。所谓周期性是指观测的时间间隔固定或呈规律性变化，观测周期在各种规范及规程中有详细说明。另外，在重复性观测中，为了最大限度地测量出建筑物的变形数值，减少误差，要求测量的人员、仪器、测量路线等应相对固定。

3. 多种技术的综合应用

随着科学技术的飞速发展，变形监测技术的内容不断在丰富和发展，除常规的三角测量、水准测量、交会测量外，GPS、航摄遥感等也广泛用于变形测量。另外，变形测量的自动化程度也越来越高，各种自动监测系统广泛应用于生产、科研。对于用于专门变形监测的仪器无论在品种、型号等方面都极大地丰富了监测的内容，例如，可以观测建筑物倾斜和转角的倾斜仪，监测物体受力的压力盒、应力计，描述渗水压力、水流量的渗压计、流量计等。

4. 着重观测点相对基准点的变化

变形监测工作主要关心观测点相对基准点或基准线的变化，对其绝对位置并不过分关注。因此在坐标系的选择上大多以独立坐标系为主，对于独立坐标系可以与国家坐标系联测，也可不联测。

1.3 变形监测技术

变形监测技术，是多种测绘技术的综合运用，对于不同监测对象、内容，其所用的方法、手段不尽相同。

在全球性变形监测方面，空间大地测量是最基本、最常用的技术，例如，甚长基线射电干涉测量、卫星激光测距、卫星重力探测技术、激光测月技术、全球卫星导航系统（GNSS）等。

在区域性变形监测方面，全球卫星导航系统（GNSS）已成为最主要的技术手段。另外，近些年来发展的空间对地观测遥感技术——合成孔径雷达干涉测量技术已用于实际，其最佳精度可达厘米或毫米级，广泛应用于地震变形、火山地表移动、冰川漂移、地面沉降、山体滑坡等监测方面。

在工程和局部性变形监测方面，地面常规测量技术、地面摄影测量技术、特殊和专用的测量手段以及以全球卫星导航系统为主的空间定位技术等均得到了较好的应用。

（1）常规地面测量技术的发展，其显著进步是全站型仪器的广泛使用，尤其是全自动跟踪全站仪（RTS，Robotic Total Stations），为局部工程变形的自动监测或室内监测提供了一种很好的技术手段，它可进行一定范围内无人值守、全天候、全方位的自动监测，像徕卡的 TS30、TS60 等都是这方面的代表。

（2）摄影测量技术起源于 20 世纪初，发展至今已在监测领域扮演重要角色。其中，数字摄影测量和实时摄影测量为地面摄影测量技术在变形监测中的深入应用开拓了非常广阔的前景。地面三维激光扫描系统是变形监测领域的一种重要技术，已广泛应用于边坡、矿山、建筑物的监测中。

（3）光、机、电技术的发展，研制了一些特殊和专用的监测仪器，可用于变形的自动监测，它包括应力测量、应变测量、准直测量和倾斜测量等。采用光纤传感器测量系统将信号测量与信号传输合二为一，组成遥测系统，实现在线分布式监测。

1.4 变形监测数据分析

1.4.1 变形监测数据分析的意义

变形分析可以分为狭义的变形分析及广义的变形分析。狭义的变形分析分为两部分：第一，用合适的方法尽可能排除或减少测量误差干扰；第二，用统计方法分析这些误差是属于误差干扰还是变形信息。广义的变形分析涉及变形数据处理与分析、变形物理解释和变形预报的各个方面，通常也将其划为两部分：第一，变形的几何分析；第二，变形物理解释。其中，变形的几何分析是对变形体的形状和大小的变形作几何描述，其任务在于描述变形体变形的空间状态和时间特性；而变形物理解释的任务是确定变形的变形和变形原因之间的关系，解释变形的原因。

1.4.2 变形监测数据分析流程

监测得来的数据有可能包含一些粗差，因此有必要将数据进行预处理，剔出粗差，以确保观测值的质量（精度、可靠性）。粗差的检测有拟准检定法（QUAD）、多维粗差同时定位定值法（LEGE）等。在变形监测数据处理上，采用最优的数学模型来进行分析，进而对监测体的变形得到合理的物理解释。变形监测数据分析流程见图1-1。

图1-1 变形监测数据的分析流程

1. 常用的变形分析方法

（1）时间序列。

（2）频谱分析。

（3）小波分析。

（4）滤波技术：数字滤波、卡尔曼滤波、贝叶斯滤波。

（5）灰色理论：灰关联分析。

（6）神经网络：人工神经网络、专家系统。

（7）模糊数学：模糊人工神经网络。

（8）抗差估计理论：抗差多元回归模型。

（9）非线性理论：突变理论、混沌现象。

2. 常用的变形物理解释方法

（1）统计分析法。以建立回归分析模型为主，通过分析所观测的变形和外因之间的相关性，建立荷载-变形之间的数学模型。由于影响变形因子的多样性和不确定性，以及观测资料本身的有限，因此，很大程度上制约着回归分析模型的准确性。回归分析模型中包括多元回归分析模型、逐步回归分析模型、主成分回归分析模型和岭回归分析模型等。统计模型的发展包括时间序列分析模型、灰关联分析模型、模糊聚类分析模型以及动态响应分析模型等。

（2）确定函数法。以有限元法为主，在一定的假设条件下，利用变形体的力学性质和物理性质，通过应力与应变关系建立荷载与变形的函数模型，然后利用确定函数模型，预报在荷载作用下变形体可能的变形。这种方法确定的模型具有"先验"的性质，比统计模型有更明确的物理概念，但往往计算工作量较大，并对用作计算的基本资料有一定的要求。

（3）混合模型法。对于与效应量关系比较明显的原因量用有限元法的计算值，而对于另一些与效应量关系不明确或采用相应物理理论计算成果难以确定它们之间函数关系的原因量（温度、实效）用统计模式，然后与实际值拟合建立的模型。

【思考题】

1-1　变形监测的内容及任务是什么？

1-2　变形监测的意义是什么？

1-3　常用的变形分析方法有哪些？

第 2 章 建筑物的沉降监测

2.1 概　述

2.1.1 沉降监测的意义

沉降监测是预防和控制沉降最有效的方法之一，沉降监测分为地面沉降监测和建筑物沉降监测。

地面沉降监测即测定地面高程随时间变化的测量工作。地壳运动、矿藏开采及地下工程的施建等会使地面局部地区在短期内发生较大变化，对房屋、地下管道、道路、桥梁和水坝等有严重的破坏作用。另外，随着高层及超高层建筑物越来越多，为了保证建、构筑物的正常使用寿命和建筑物的安全性，并为以后的勘察设计施工提供可靠的资料及相应的沉降参数，因此建筑物的沉降观测也成为建筑施工的一部分内容。

2.1.2 沉降监测的基本原理

通过定期测定沉降监测点相对于基准点的高差，求得监测点各周期的高程，进而得到监测点不同时期的沉降量。通过沉降量可以求得沉降差、沉降速度、基础倾斜、局部倾斜、相对弯曲等。

假设基准点 A 的高程为 H_A，利用其测得的监测点 1 第 1 期，……，第 i 期，……，第 n 期高差分别为 $h_1^{[1]}$，…，$h_1^{[i]}$，…，$h_1^{[n]}$，则 1 点的各周期的高程为：

$$H_1^{[1]} = H_A + h_1^{[1]}, \quad \cdots, \quad H_1^{[i]} = H_A + h_1^{[i]}, \quad \cdots, \quad H_1^{[n]} = H_A + h_1^{[n]}$$

从而得到监测点 1 的第 i 期相对第 $i-1$ 期的沉降量为 $S^{[i,i-1]} = H_1^{[i]} - H_1^{[i-1]}$，监测点 1 的第 i 期相对第 1 期的累计沉降量为 $S^{[i]} = H_1^{[i]} - H_1^{[1]}$。其中：$S$ 的符号为负号时，表示下沉；为正号时，表示上升。

若已知观测点第 i 期相对于初始时间总的观测时间为 Δt,则沉降速度为 $v=\dfrac{S^{[i]}}{\Delta t}$。若现有 m,n 两个沉降观测点,它们在第 i 期的累计沉降量分别为 $S_m^{[i]}$、$S_n^{[i]}$,则第 i 期 m,n 两个沉降观测点的沉降差为 $\Delta S=\left|S_m^{[i]}-S_n^{[i]}\right|$。

2.1.3 沉降监测的要求

在沉降监测的实施中,为保证观测精度,必须做到人员、设备、观测路线的固定,即:
(1)一周期的观测在较短的时间内完成。
(2)采用相同的图形(观测路线)和观测方法。
(3)使用同一仪器和设备。
(4)观测人员相对固定。

对于特级和一级变形观测应在相同的环境和条件下进行。

另外,在建筑变形观测过程中发生下列情况之一时,必须立即报告委托方,同时应及时增加观测次数或调整变形测量方案:
(1)变形量或变形速率出现异常变化。
(2)变形量达到或超出预警值。
(3)周边或开挖面出现塌陷、滑坡。
(4)建筑本身、周边建筑及地表出现异常。
(5)由于地震、暴雨、冻融等自然灾害引起的其他变形异常情况。

2.1.4 沉降监测的等级分类

建筑物的沉降监测等级根据依从的规范不同划分不尽相同。《建筑变形测量规范》将其划分为特级、一级、二级、三级,《工程测量规范》(GB 50026—2007)将其划分为一等、二等、三等、四等。表 2-1 为《工程测量规范》的等级划分。

表 2-1 变形监测的等级划分

类 别 (沉降位移监测、 水平位移监测)	适 用 范 围
一等	变形特别敏感的高层建筑、高耸构筑物、工业建筑、重要古建筑、大型坝体、精密工程、特大型桥梁、大型直立岩体、大型坝区地壳监测等
二等	变形比较敏感的高层建筑、高耸构筑物、工业建筑、古建筑、特大型和大型桥梁、大中型坝体、直立岩体、高边坡、重要工程设施、重大地下工程、危害性较大的滑坡监测等
三等	一般性的高层建筑、多层建筑、工业建筑、高耸构筑物、直立岩体、高边坡、深基坑、一般地下工程、危害性一般的滑坡监测、大型桥梁等
四等	观测精度要求较低的建(构)筑物、普通滑坡监测、中小型桥梁等

2.2 沉降监测网（点）的布设

2.2.1 沉降监测网（点）的构成

沉降变形监测系统是由基准点、工作基点、观测点组成。

在沉降监测中，基准点与工作基点构成监测基准网，用于监测工作基点相对于基准点的变化量。工作基点和观测点组成监测网，用以监测观测点的变化情况。对于工程规模较小、沉降观测精度要求较低时，可直接布设基准点和观测点两级，不再布设工作基点。

2.2.2 沉降监测网（点）的布设要求

1. 沉降基准点的数量

沉降基准点数不应少于 3 个，沉降工作基点数量可根据需要设置。基准点和工作基点应形成闭合环或形成由附合路线构成的结点网。

2. 沉降基准点标志形式及埋设

（1）沉降基准点和工作基点应避开交通干道主路、地下管线、仓库堆栈、水源地、河岸、松软填土、滑坡地段、机器振动区以及其他可能使标石、标志易遭腐蚀和破坏的地方。

（2）沉降基准点应选设在变形影响范围以外且稳定、易于长期保存的地方。在建筑区内，其点位与邻近建筑的距离应大于建筑基础最大宽度的 2 倍，其标石埋深应大于邻近建筑基础的深度，也可选择在基础深且稳定的建筑上。

（3）沉降基准点、工作基点之间要方便进行水准测量。当使用电磁波测距三角高程测量方法进行观测时，宜使各点周围的地形条件一致。当使用静力水准测量方法进行沉降观测时，用于联测观测点的工作基点宜与沉降观测点设在同一高程面上，偏差不应超过 ± 1 cm。当不能满足这一要求时，应设置上下高程不同但位置垂直对应的辅助点传递高程。

沉降基准点的标石、标志的形式如图 2-1 ~ 图 2-4 所示。

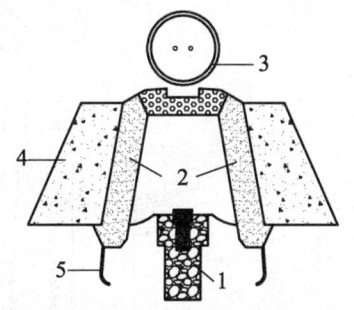

1—抗蚀的金属标志；2—钢筋混凝土井圈；
3—井盖；4—砌石碓；5—井圈保护层。

图 2-1 基岩水准基点标石

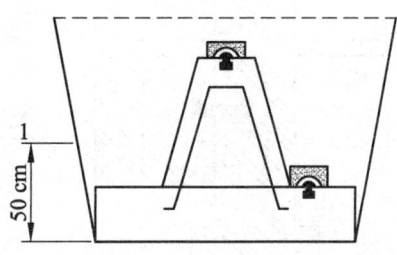

1—最大冻土线。

图 2-2 混凝土基本水准标石

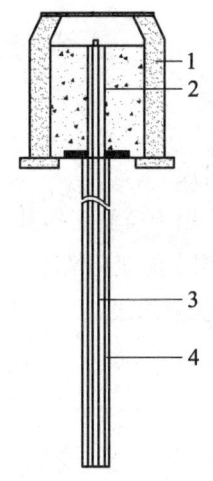 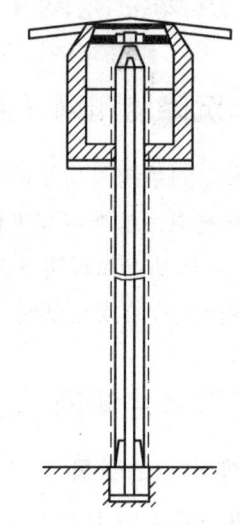

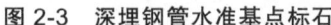

1—保护井；2—外管；3—内管；4—钻孔。

图 2-3　深埋钢管水准基点标石　　　图 2-4　深埋双金属管水准基点标石

3. 沉降观测点的形式与埋设

沉降观测点的布设，应结合建筑结构、形状和场地工程地质条件，并应顾及施工和建成后的使用方便。同时，点位应易于保存，标志应稳固美观，见图 2-5 ~ 图 2-7。沉降观测点应布设在建（构）筑物的部位：

（1）建（构）筑物的主要墙角及沿外墙每 10 ~ 15 m 处或每隔 2 ~ 3 根柱基上。

（2）沉降缝、伸缩缝、新旧建（构）筑物或高低建（构）筑物接壤处的两侧。

（3）人工地基和天然地基接壤处、建（构）筑物不同结构分界处的两侧。

（4）烟囱、水塔和大型储藏罐等高耸构筑物基础轴线的对称部位，且每一构筑物不得少于 4 个点。

（5）基础底板的四角和中部。

（6）当建（构）筑物出现裂缝时，布设在裂缝两侧。

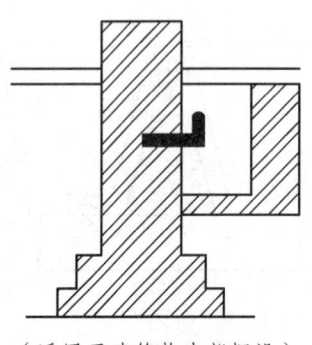 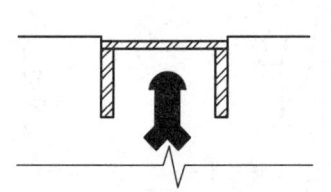 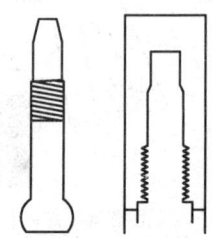

（适用于建筑物内部埋设）　　（适用于设备基础上埋设）　　（适用于墙体上埋设）

图 2-5　窨井式标志　　　图 2-6　盒式标志　　　图 2-7　螺栓式标志

4. 沉降监测的精度控制

基准点的精度和监测点的等级具体见表 2-2、表 2-3。

表 2-2 基准点的精度

等级	相邻基准点高差中误差/mm	每站高差中误差/mm	往返较差或环线闭合差/mm	检测已测高差较差/mm
一等	0.3	0.07	$0.15\sqrt{n}$	$0.2\sqrt{n}$
二等	0.5	0.15	$0.30\sqrt{n}$	$0.4\sqrt{n}$
三等	1.0	0.30	$0.60\sqrt{n}$	$0.8\sqrt{n}$
四等	2.0	0.70	$1.40\sqrt{n}$	$2.0\sqrt{n}$

表 2-3 监测点的等级划分

等级	一等	二等	三等	四等
沉降观测点的高程中误差/mm	0.3	0.5	1.0	2.0
相邻沉降观测点的高差中误差/mm	0.1	0.3	0.5	1.0

2.3 精密水准测量

2.3.1 监测仪器与检验

根据《建筑变形测量规范》(JGJ 8—2007) 规定：对特级、一级沉降观测应使用 DSZ05 型水准仪和因瓦水准标尺；二级沉降观测应使用 DS_1 型或 DS_{05} 型水准仪和因瓦水准标尺；三级沉降观测应使用 DS_3 型水准仪和区格式木质标尺或 DS_1 型水准仪和因瓦水准标尺。

随着技术的发展，能进行沉降监测的精密水准仪较多。相当于或高于 DS_{05} 型的精密水准仪有蔡司的 Ni002、Ni004、DiNi12，Wild 的 N3、NA2003、DNA2003，Topcon 的 DL-502，Trimble 的 DiNi03 等；相当于或高于 DS_1 型精密水准仪的有 Zeiss 的 Ni007，Wild 的 NA2002 等。具体见图 2-8。

Ni002 水准仪

Ni004 水准仪

Wild N3 水准仪

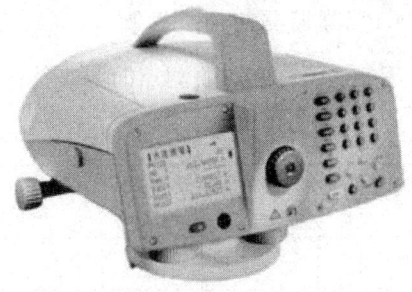
DNA2003 水准仪

Topcon DL-502 水准仪

Trimble DiNi03 水准仪

图 2-8　高精度水准仪

无论使用何种水准仪，在开始工作前，一定要对仪器进行检验。按《国家一、二等水准测量规范》（GB/T 12897—2006）的规定，水准测量作业前应做如下检验：

（1）水准仪的检视。

（2）水准仪上概略水准器的检校。

（3）光学测微器隙动差和分划值的测定。

（4）水泡式水准仪交叉误差的检校。

（5）i 角检校。

其中，水准仪的 i 角误差是最重要的检查项目。测定 i 角的方法很多，但基本原理是相同的，都是利用 i 角对水准标尺上读数的影响与距离成比例这一特点，从而比较在不同距离的情况下，水准标尺上读数的差异而求出 i 角。

一般测定 i 角的方法是：距仪器 s 和 $2s$ 处分别选定 A 点和 B 点，以便安置水准标尺，A、B 两点的高差是未知数，我们要测定的 i 角也是未知数，所以要选定两个安置仪器的点 J_1 和 J_2，如图 2-9 所示。在 J_1 和 J_2 点分别安置仪器测量 A、B 两点间的高差，得到两套成果，建立相应的方程式，从而求出 i 角。

在 J_1 测站上，照准水准标尺 A 和 B，读数为 a_1 和 b_1，当 $i=0$ 时，水平视线在水准标尺上的正确读数应为 a_1' 和 b_1'，所以由于 i 角引起的误差分别为 Δ 和 2Δ。同样，在 J_2 测站上，照准水准标尺 A 和 B，读数为 a_2 和 b_2，正确读数应为 a_2' 和 b_2'，其误差分别为 2Δ 和 Δ。

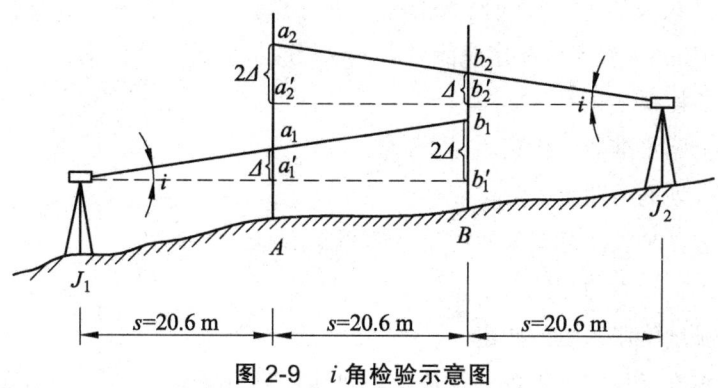

图 2-9　i 角检验示意图

在测站 J_1 和 J_2 上得到 A、B 两点的正确（没有 i 角影响）高差分别为：

$$\begin{cases} h_1' = a_1' - b_1' = (a_1 - \Delta) - (b_1 - 2\Delta) = a_1 - b_1 + \Delta \\ h_2' = a_2' - b_2' = (a_2 - 2\Delta) - (b_2 - \Delta) = a_2 - b_2 - \Delta \end{cases} \quad (2\text{-}1)$$

如不顾及其他误差的影响，则 $h_1' = h_2'$，所以由式（2-1）可得：

$$2\Delta = (a_2 - b_2) - (a_1 - b_1)$$

式中，$(a_2 - b_2)$ 和 $(a_1 - b_1)$ 是仪器存在 i 角时分别在测站 J_2 和 J_1 测得的 A、B 两点间的观测高差，以 h_2 和 h_1 表示，则上式可写为：

$$2\Delta = h_2 - h_1$$

即

$$\Delta = \frac{1}{2}(h_2 - h_1) \quad (2\text{-}2)$$

由图 2-9 可知：

$$\Delta = i'' s \frac{1}{\rho}$$

故

$$i'' = \frac{\rho}{s} \Delta \quad (2\text{-}3)$$

为了简化计算，i 角测定时使 $s = 20.6$ m，则：

$$i'' = 10\Delta \quad (2\text{-}4)$$

式中，Δ 以 mm 为单位，$\rho \approx 206\,000$。水准测量规范规定水准仪的 i 角应小于 $15''$，否则应进行校正。

除了对水准仪校验外，还应对水准标尺进行检验。《国家一、二等水准测量规范》（GB/T 12897—2006）规定，在作业前对水准标尺应检验的项目包括：

（1）标尺的检视。

（2）标尺上圆水准器的检校。

（3）标尺分划面弯曲差的测定。

（4）标尺名义米长及分划偶然中误差的测定。

（5）标尺尺带拉力的测定。

（6）标尺温度膨胀系数的测定。

（7）一对水准标尺零点不等差及基辅分划读数差的测定。

在标尺名义米长及分划偶然中误差的检定中，要求如果一根标尺的每米真长偏差大于 0.1 mm 则禁止使用，如一根标尺的每米真长偏差大于 0.5 mm，应对观测高差进行改正。

假设一个测站观测高差的改正数为：

$$\delta = fh \tag{2-5}$$

式中　δ——一测站观测高差的改正数（mm）；

　　　f——平均每米真长偏差，即标尺的平均每米真长与名义长度 1 m 之差（mm/m）；

　　　h——一测站观测高差（mm）。

2.3.2　监测方法与技术要求

1. 观测的时间和气象条件

在水准测量过程中，气象条件是影响其精度的主要因素之一，特别是大气垂直折光的影响。近地面大气层的密度分布一般随着高度的不同而变化，因而其折射率也会不同，当光线通过密度不同的大气层时，会在垂直方向上产生弯曲，因而观测应在标尺分划线成像清晰而稳定时进行。对于下列情况不宜进行观测：

（1）日出后与日落前 30 min 内。

（2）太阳中天前后各约 2 h 内（可根据地区、季节和气象情况，适当增减，最短间歇时间不少于 2 h）。

（3）标尺分划的影像跳动剧烈时。

（4）气温突变时。

（5）风力过大而使标尺与仪器不能稳定时。

2. 观测中应遵守的原则

（1）观测前 30 min，应将仪器置于露天阴影下，使仪器与外界气温趋于一致；设站时，应用测伞遮蔽阳光；迁站时，应罩以仪器罩。使用数字水准仪前，还应进行预热，预热不少于 20 次单次测量。

（2）对气泡式水准仪，观测前应测出倾斜螺旋的置平零点，并做标记。对于自动安平水准仪的圆水准器，应严格置平。这样可以减弱视准轴受温度变化的影响。

（3）在连续各测站上安置水准仪的三脚架时，应使其中两脚与水准路线平行，而第三脚轮换置于路线方向的左侧与右侧。

（4）除路线转弯处，每一测站上仪器与前后视标尺的三个位置，应接近一条直线。

（5）不应为了增加标尺读数，而把尺桩（台）安置在壕坑中。

（6）转动仪器的倾斜螺旋和测微器时，其最后旋转方向，均应为旋进。

（7）每一测段的往测与返测，其测站数均应为偶数。由往测转向返测时，两只标尺应互换位置，并应重新整置仪器。

（8）在高差甚大的地区，应选用长度稳定、标尺名义米长偏差和分划偶然误差较小的水准标尺作业。

（9）对于数字水准仪，应避免望远镜直接对着太阳；尽量避免视线被遮挡，遮挡不要超过标尺在望远镜中截长的 20%；仪器只能在厂方规定的温度范围内工作；确信震动源造成的震动消失后才能启动测量键。

3. 精密水准测量的基本规定

《国家一、二等水准测量规范》（GB/T 12897—2006）中规定了水准测量的各项技术要求：

（1）测站视线长度、视距差、数字水准仪重复读数次数见表 2-4。

表 2-4　一、二等水准测量技术要求

等级	仪器类别	视线长度/m		前后视距差/m		任一测站上前后视距差累积/m		视线高度/m		数字水准仪重复测量次数
		光学	数字	光学	数字	光学	数字	光学（下丝读数）	数字	
一等	DSZ05、DS05	≤30	≥4 且 ≤30	≤0.5	≤1.0	≤1.5	≤3.0	≥0.5	≤2.80 且 ≥0.65	≥3 次
二等	DSZ$_1$、DS$_1$	≤50	≥4 且 ≤50	≤1.0	≤1.5	≤3.0	≤6.0	≥0.3	≤2.80 且 ≥0.55	≥2 次
注：下丝为近地面的视距丝。几何法数字水准仪视线高度的一、二等高端限差允许到 2.85 m，相位法数字水准仪重复测量次数可以为上表中数值减少 1 次。所有数字水准仪，在地面震动较大时，应随时增加重复测量次数										

（2）测站观测限差见表 2-5。

表 2-5　一、二等水准测量测站观测限差　　　　　　　　单位：mm

等级	上下丝读数均值与中丝读数之差		基辅分划读数之差	基辅分划所测高差之差	检测间歇点高差之差
	5 mm 刻划标尺	10 mm 刻划标尺			
一等	1.5	3.0	0.3	0.4	0.7
二等	1.5	3.0	0.4	0.6	1.0

（3）往返测高差不符值、环闭合差和检测高差之差的限差见表 2-6。

表 2-6　一、二等水准测量往返测高差不符值、环闭合差与检测高差之差

等级	测段、区段、路线往返测高差不符值	附合路线闭合差	环闭合差	检测已测测段高差之差
一等	$1.8\sqrt{K}$	—	$2\sqrt{F}$	$3\sqrt{R}$
二等	$4\sqrt{K}$	$4\sqrt{L}$	$4\sqrt{F}$	$6\sqrt{R}$

注：K——测段、区段或路线长度（km），当测段长度小于 0.1 km 时，按 0.1 km 计算；
　　L——附合路线长度（km）；
　　F——环线长度（km）；
　　R——检测测段长度（km）

（4）外业水准测量尾数取位见表 2-7。

表 2-7　一、二等精密水准测量外业计算的尾数取位

往（返）测距离总和	测段距离中数	各测站高差	往（返）测高差总和	测段高差中数	水准点高程
0.01 km	0.1 km	0.01 mm	0.01 mm	0.1 mm	1 mm

4. 一、二等水准测量的实施

1）光学水准仪观测

（1）往测奇数站照准标尺分划的顺序：

① 后视标尺的基本分划。

② 前视标尺的基本分划。

③ 前视标尺的辅助分划。

④ 后视标尺的辅助分划。

（2）往测偶数站照准标尺分划的顺序：

① 前视标尺的基本分划。

② 后视标尺的基本分划。

③ 后视标尺的辅助分划。

④ 前视标尺的辅助分划。

（3）返测奇、偶测站照准标尺的顺序：

返测奇、偶测站照准标尺的顺序分别与往测偶、奇测站相同。

2）数字水准仪观测

（1）往、返测奇数站照准标尺的顺序：

① 后视标尺。

② 前视标尺。

③ 前视标尺。

④ 后视标尺。

（2）往、返测偶数站照准标尺的顺序：

① 前视标尺。

② 后视标尺。

③ 后视标尺。

④ 前视标尺。

2.3.3 精密水准测量的误差来源及其减弱方法

1. i 角误差的影响

虽然经过 i 角检验校正，但要使两轴（视准轴与水准管轴）完全保持平行是困难的。因此，当水准气泡居中时，视准轴仍不能保持水平，使水准标尺上的读数产生误差，且该误差与视距成正比。

图 2-10 中，$S_前$、$S_后$ 为前后视距，由于存在 i 角，在前后视水准标尺上的读数误差分别为 $i'' \cdot S_前 / \rho''$ 和 $i'' \cdot S_后 / \rho''$，对高差的误差影响为：

$$\delta_S = i'' \cdot (S_后 - S_前)/\rho'' \tag{2-6}$$

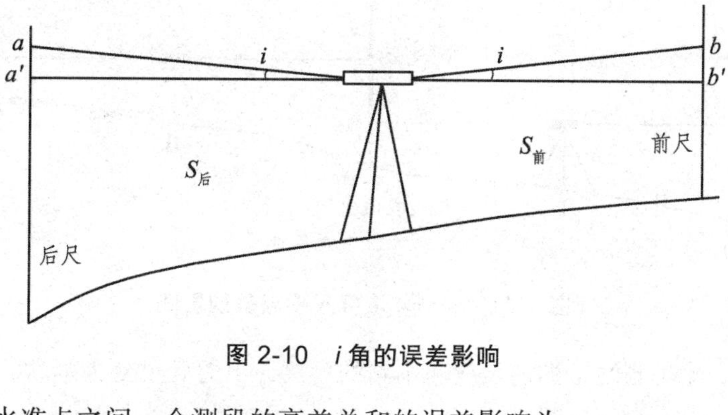

图 2-10 i 角的误差影响

对于两个水准点之间一个测段的高差总和的误差影响为：

$$\sum \delta_S = i'' \cdot (\sum S_后 - \sum S_前)/\rho'' \tag{2-7}$$

由此可见,在 i 角保持不变的情况下,一个测站上的前后视距相等或一个测段的前后视距总和相等,则在观测高差中由于 i 角的误差影响可以得到消除。但在实际作业中,要求前后视距完全相等是困难的,为此必须规定一个限值。

水准测量规范规定:二等水准测量前后视距差应不大于 1 m,前后视距累积差应不大于 3 m。

2. 水准标尺每米长度误差的影响

在精密水准测量作业中必须使用经过长度检验的水准标尺。设 f 为水准标尺每米间隔平均真长误差,则对一个测站的观测高差 h 应加的改正数为:

$$\delta_f = h \cdot f \tag{2-8}$$

对于一个测段来说,应加的改正数为:

$$\sum \delta_f = f \cdot \sum h \tag{2-9}$$

式中 $\sum h$ ——一个测段各测站观测高差之和。

3. 一对水准标尺零点不等差的影响

一对水准标尺的零点误差之差称为零点不等差,其对观测高差必然产生影响。设 a、b 水准标尺的零点误差分别为 Δa 和 Δb,它们都将影响在水准标尺上的读数。

如图 2-11 所示,在测站 I 上顾及两水准标尺的零点误差对前后视水准标尺上读数 b_1、a_1 的影响,则测站 1、2 两点的高差为:

$$h_{12} = (a_1 - \Delta a) - (b_1 - \Delta b) = (a_1 - b_1) - \Delta a + \Delta b$$

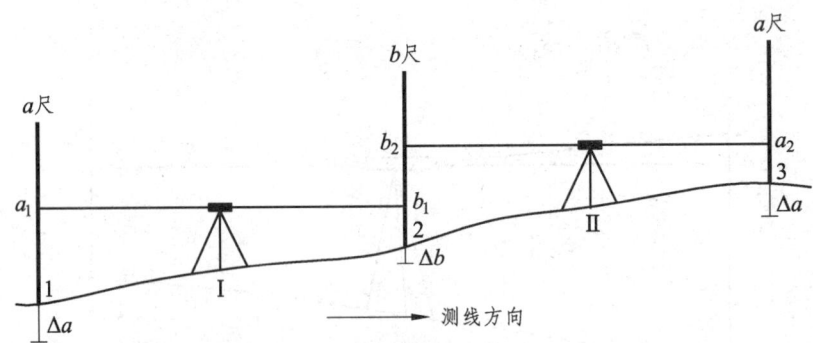

图 2-11 一对水准标尺零点差的影响

在测站 II,此时测站 I 的前尺变为本站的后尺,I 的后尺变为本站的前尺,则 2、3 点的高差为:

$$h_{23} = (b_2 - \Delta b) - (a_2 - \Delta a) = (b_2 - a_2) - \Delta b + \Delta a$$

则 1、3 点的高差，即Ⅰ、Ⅱ测站所测高差之和为：

$$h_{13} = h_{12} + h_{23} = (a_1 - b_1) + (b_2 - a_2)$$

由此可见，尽管两水准标尺的零点误差 $\Delta a \neq \Delta b$，但在两相邻测站的观测高差之和中，抵消了这种误差的影响，故在实际水准测量作业中各测段的测站数目应安排成偶数，且在相邻测站上使两水准标尺轮流作为前视尺。

4. 大气垂直折光的影响

对于精密水准测量来说，大气垂直折光对水准测量的影响是复杂的，也是极为重要的。大气垂直折光会使视线产生垂直弯曲，并且弯向空气密度较大的一方。如果在地势较为平坦的地区进行水准测量，前后视距相等，则折光影响基本相同，使视线弯曲的程度也基本相同，因此，在观测高差中就可以消除这种误差的影响。但是，由于越接近地面的大气层，温度的梯度越大，当前、后视线离地面的高度不同，视线通过大气层的密度也不同，折光影响也就不同，所以前后视线在垂直面内的弯曲程度也不同，如水准测量通过一个较长的坡度时，由于前视视线离地面的高度总是大于（或小于）后视视线离地面的高度，这时，垂直折光对高差将产生系统性质的误差影响。

为了减弱垂直折光对观测高差的影响，应使前后视距尽量相等，并使视线离地面有足够的高度，在坡度较大的水准路线上进行作业时，应适当缩短视距。另外，垂直折光的影响，还与一天内的不同时间有关，在日出后半小时左右和日落前半小时左右这两段时间内，由于地表面的吸热和散热，近地面的大气密度和折光差变化迅速而无规律，故不宜进行观测。在中午的一段时间内，由于太阳强烈照射，空气对流剧烈，致使目标成像不稳定，也不宜进行观测。为了减弱垂直折光对观测高差的影响，水准测量规范还规定每一测段的往测和返测应分别在上午或下午进行，这样在往返测观测高差的平均值中可以减弱垂直折光的影响。

5. 仪器和水准标尺（尺台或尺桩）垂直位移的影响

仪器和水准标尺在垂直方向位移所产生的误差，是精密水准测量系统误差的重要原因。

对于精密水准测量，一般是利用水准尺的基本分划和辅助分划来共同计算高差的。图 2-12 观测高差的程序：后视基本分划中丝—前视基本分划中丝—前视辅助分划中丝—后视辅助分划中丝。在观测过程中，仪器的脚架随时间逐渐下沉，在读完后视基本分划读数转向前视基本分划读数的时间内，由于仪器的下沉，视线将有所下降，而使前视基本分划读数偏小。同理，在仪器读完前视辅助分划读数转向后视辅助分划读数的时间内，仪器也在下沉，后视辅助分划读数亦偏小，如果前视基本分划和后视辅助分划读数偏小的量相同，设为 Δa，则采用如上"后前前后"观测程序所测得的高差平均值中，可以较好地消除这项误差的影响。设一测站高差真值为 h，a_1、b_1、a_2、b_2 分别为后视基本分划中丝、前视基本分划中丝、前视辅助分划中丝、后视辅助分划中丝的数值，那么：

基本分划计算高差：

$$h_\text{基} = 后尺（基）- 前尺（基）= a_1 - (b_1 + \Delta a) = h - \Delta a$$

辅助分划计算高差：

$$h_\text{辅} = 后尺（辅）- 前尺（辅）= a_2 + \Delta a - b_2 = h + \Delta a$$

平均高差：

$$\bar{h} = [(h - \Delta a) + (h + \Delta a)]/2 = h$$

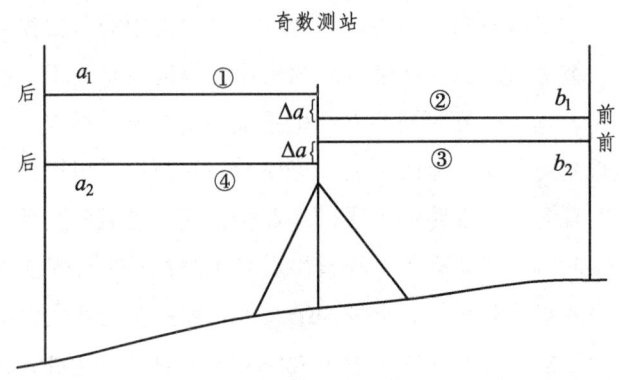

图 2-12　仪器垂直位移的影响

水准标尺（尺台或尺桩）的垂直位移，主要是发生在迁站的过程中，由原来的前视尺转为后视尺而产生下沉，于是总是后视读数偏大，使各测站的观测高差都偏大，成为系统性的误差影响。这种误差的影响在往返测高差的平均值中可以得到有效的抵偿，所以水准测量一般都要求进行往、返测。

有时仪器脚架和尺台（或尺桩）也会发生上升现象，就是当我们用力将脚架或尺台压入地下之后，在我们不再用力的情况下，土壤的反作用有时会使脚架或尺台逐渐上升，如果水准测量路线沿着土壤性质相同的路线敷设，而每次都有这种上升的现象发生，结果会产生系统性的误差影响，根据研究表明，这种误差可以达到相当大的数值。

6. 温度变化对 i 角的影响

精密水准仪的水准管框架是同望远镜筒固连的，为了使水准管轴与视准轴的联系比较稳固，这些部件采用钢瓦合金钢制造的，并把镜筒和框架整体装置在一个隔热性能良好的套筒内,以防止由于温度的变化,使仪器有关部件产生不同程度的膨胀或收缩,而引起 i 角的变化。

但是当温度变化时,完全避免 i 角的变化是不可能的,例如仪器受热的部位不同,对 i 角的影响也不同:当太阳射向物镜和目镜端影响最大;旁射水准管一侧时,影响较小;旁射与水准管相对的另一侧时,影响最小。因此,温度的变化对 i 角的影响是极其复杂的,试验结果表明,当仪器周围的温度均匀地每变化 1 ℃ 时,i 角将平均变化约为 0.5″,有时甚至更大些,竟可达到 1″~2″。

由于 i 角受温度变化的影响很复杂,因而对观测高差的影响难以用改变观测程序的办法来完全消除。而且,这种误差的影响在往返测不符值中也不能完全被发现,这就使高差中数受到系统性的误差影响。因此,减弱这种误差影响最有效的方法是减少仪器受辐射热的影响,如观测时打伞,避免日光直接照射仪器,以减小 i 角的复杂变化,同时,在观测开始前应将仪器预先从箱中取出,使仪器与周围空气温度一致。

如果我们认为在观测的较短时间段内,由于受温度的影响,i 角与时间成正比例地均匀变化,则可以采取改变观测程序的方法在一定程度上来消除或消弱这种误差对观测高差的影响。

两相邻测站 Ⅰ、Ⅱ 对于基本分划如按下列①、②、③、④程序观测,即

在测站 Ⅰ 上:①后视　②前视

在测站 Ⅱ 上:③前视　④后视

则由图 2-13 可知,对测站 Ⅰ、Ⅱ 观测高差的影响分别为 $-S(i_2-i_1)$ 和 $+S(i_4-i_3)$,S 为视距,i_1、i_2、i_3、i_4 为相应于每次中丝读数时的 i 角。

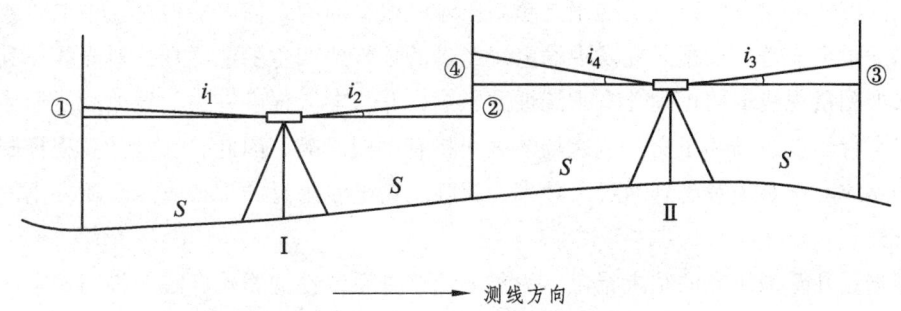

图 2-13　温度变化对 i 角的影响

由于我们认为在观测的较短时间段内,i 角与时间成正比例均匀地变化,所以 $(i_2-i_1)=(i_4-i_3)$,由此可见在测站 Ⅰ、Ⅱ 的观测高差之和中就抵消了由于 i 角变化的误差影响。但是,由于 i 角的变化不可能完全按照与时间成比例地均匀变化,因此,严格

地说，(i_2-i_1) 与 (i_4-i_3) 不一定完全相等，再者，相邻奇偶测站的视距也不一定相等，所以按上述程序进行观测，只能说基本上消除由于 i 角变化的误差影响。

根据同样的道理，对于相邻测站Ⅰ、Ⅱ辅助分划的观测程序应为：

在测站Ⅰ上：①前视　②后视

在测站Ⅱ上：③后视　④前视

综上所述，在相邻两个测站上，对于基本分划和辅助分划的观测程序可以归纳为：

奇数站的观测程序：

后（基）—前（基）—前（辅）—后（辅）

偶数站的观测程序：

前（基）—后（基）—后（辅）—前（辅）

所以，将测段的测站数安排成偶数，对于削减由于 i 角变化对观测高差的误差影响也是必要的。

7. 观测误差

精密水准测量的观测误差，主要有水准器气泡居中的误差、照准水准标尺上分划的误差和读数误差。这些误差都具有偶然误差性质，由于精密水准仪有微倾螺旋和符合水准器，并有光学测微器装置，可以提高水准器气泡居中的精度和读数精度，同时用楔形丝照准标尺上的分划线，可以减小照准误差，因此，这些误差影响都可以有效地控制在很小的范围内。根据试验结果分析表明，这些误差对每测站上由基辅分划所得观测高差的平均值的影响还不到 0.1 mm。

8. 电磁场对水准测量的影响

在国民经济建设中敷设大功率、超高压输电线，为的是使电能通过空中电线或地下电缆向远距离输送。根据研究发现输电线经过的地带所产生的电磁场，对光线（其中包括对水准测量视线）的正确性有系统性的影响，并与电流强度有关。输电线所形成的电磁场对平行于电磁场和正交于电磁场的视线将有不同影响，因此，在设计高程控制网布设水准路线时，必须考虑到通过大功率、超高压输电线附近的视线直线性所发生的重大变形。

根据近几年来研究的结果指出，为了避免这种系统性的影响，在布设与输电线平行的水准路线时，必须使水准线路离输电线 50 m 以外，如果水准线路与输电线相交，则其交角应为直角，跨线应将水准仪严格地安置在输电线的正下方，这样，照准后视和前视水准标尺的视线直线性的变形可以互相抵消。

确定电磁场对控制测量的影响，具有重大的实际意义，对这个问题还有待于进一步研究。

2.4 精密三角高程测量

精密水准测量受环境影响较小，观测精度高，因而是沉降监测中主要的方法。但在高差起伏较大，路线状况较差的地区，精密水准测量实施较困难。高精度全站仪的发展，使三角高程测量在工程测量中应用得更加广泛，如将精密三角高程测量代替水准测量进行沉降观测，将提高工作效率。

2.4.1 三角高程单向观测及精度

单向观测法即将仪器安置在一个已知高程点（工作基点或基准点）上，观测到变形点的水平距离、垂直角、仪器高和目标高，计算两点高差，即：

$$h = D\tan\alpha + \frac{1-K}{2R}D^2 + i - v + (u_1 - u_m)D \tag{2-10}$$

式中 h——两点间的实测水平距离；

α——测站点到目标点的垂直角；

i——仪器高；

v——目标高；

K——大气折光系数；

u_1——测站在观测方向上的垂线偏差；

u_m——观测方向上各点的平均垂线偏差。

由于垂线偏差对高差的影响随距离增大而增大，但在平原地区边长较短时，垂线偏差的影响极小，且在各期沉降量的相对变化中得到抵消，因此可忽略不计。因此，上式简化为：

$$h = D\tan\alpha + \frac{1-K}{2R}D^2 + i - v \tag{2-11}$$

通过计算，上式的中误差为：

$$m_h^2 = \tan^2\alpha \cdot m_D^2 + D^2\sec^4\alpha\frac{m_\alpha^2}{\rho^2} + m_i^2 + m_v^2 + \frac{D^4}{4R^2}m_k^2 \tag{2-12}$$

若 $D = 1000$ m，$\alpha = 15°$，$m_i = m_v = \pm 1.0$ mm，$m_k = \pm 0.2$，$m_\alpha = 1.0''$，$m_D = \pm 2$ mm，则可计算 $m_h = \pm 16.5$ mm。

由式（2-12）可以看出，影响三角高程测量精度的因素有测距误差 m_D，垂直角观测误差 m_α，仪器高量测误差 m_i，目标高量测误差 m_v 及大气折光观测误差 m_k。采用高精度的测距仪器进行短距离测量，采用高精度的测角仪器，对仪器高与目标高的量取采用适当的方法等可提高高差观测精度。此外，大气折光产生的误差随地区、气候、季节、地面覆盖物、视线超出地面的高度等的不同而不同，K 值在一天内的变化，在中午前后数值最小，也较稳定；日出、日落时数值最大，变化也快。因而三角高程的观测最佳时间在 10 时至 16 时之间，此时 K 值在 $0.08 \sim 0.14$。

折光系数 K 受大气密度影响，是一个变量，其测定的方法较多，在特定条件下可采用下述方法测定：在已知其精密水准高程的两个点 A、B 上通过观测垂直角 α_{AB} 和平距 D_{AB}，精确量取仪器高 i_A 和目标高 v_B，可计算测站在该方向的 K 值，见公式（2-13）。若在不同时段 t 观测，可得出不同时段 K 的一系列离散值，通过拟合可得到 K 随时间的变化曲线，利用该曲线可得到该地区的 K 值。

$$K = \frac{-2R}{D_{AB}^2}\left(h_{AB} - D_{AB}\tan\alpha_{AB} - i_A + v_B - \frac{D_{AB}^2}{2R}\right) \quad (2\text{-}13)$$

2.4.2 中间法及精度

中间法是将仪器安置在已知高程点 1 和测点 2 之间，通过观测测站点到 1 和 2 两点的距离 D_1 和 D_2，垂直角 α_1 和 α_2，目标 1、2 的高度 v_1 和 v_2 来计算 1、2 两点的高差，见图 2-14。中间法距离较短，若不考虑垂线偏差的影响，其计算公式为：

$$h = (D_2\tan\alpha_2 - D_1\tan\alpha_1) + \left(\frac{D_2^2 - D_1^2}{2R}\right) - \left(\frac{D_2^2}{2R}k_2 - \frac{D_1^2}{2R}k_1\right) - (v_2 - v_1) \quad (2\text{-}14)$$

若设 $D_1 \approx D_2 = D$，$\Delta k = k_1 - k_2$，$m_{\alpha_1} \approx m_{\alpha_2} = m_\alpha$，$m_{D_1} \approx m_{D_2} = m_D$，$m_{v_1} \approx m_{v_2} = m_v$，则有：

$$h = D(\tan\alpha_2 - \tan\alpha_1) + \frac{D^2}{2R}\Delta k + v_1 - v_2 \quad (2\text{-}15)$$

$$m_h^2 = (\tan\alpha_2 - \tan\alpha_1)^2 \cdot m_D^2 + D^2(\sec^4\alpha_2 + \sec^4\alpha_1)\frac{m_\alpha^2}{\rho^2} + \frac{D^4}{4R^2}m_{\Delta k}^2 + 2m_v^2 \quad (2\text{-}16)$$

由式（2-16）可以看出，大气折光对高差的影响不是 k 取值产生的误差，而是 Δk，由于视线的缩短，在小区域选择良好的观测条件和观测时段可以大大减少 Δk 值，因此 Δk 对高差的影响可以忽略不计，但这种方法对测站点的位置有较高的要求。

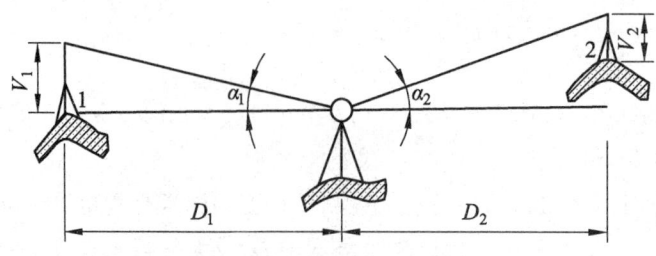

图 2-14 中间法三角高程测量示意图

2.4.3 对向观测及精度

在多数情况下,三角高程观测采用对向观测。设正向观测,仪器高度 i_1,目标高度 v_2,竖角为 α_{12},平距为 D_1,大气垂直折光系数 k_1;反向观测时,仪器高度 i_2,目标高度 v_1,竖角为 α_{21},平距为 D_2,大气垂直折光系数 k_2。若设 $D_{12} \approx D_{21} = D$,$\Delta k = k_1 - k_2$,则对向观测的计算公式为:

$$h = \frac{1}{2}D(\tan\alpha_{12} - \tan\alpha_{21}) - \frac{\Delta k}{4R}D^2 + \frac{1}{2}(i_1 - i_2) + \frac{1}{2}(v_1 - v_2) \tag{2-17}$$

若 $m_{i_1} \approx m_{i_2} = m_i$,$m_{v_1} \approx m_{v_2} = m_v$,则对向观测高差中误差可写成:

$$m_h^2 = \frac{1}{4}(\tan\alpha_{12} - \tan\alpha_{21})^2 \cdot m_D^2 + \frac{D^2}{4}(\sec^4\alpha_{12} + \sec^4\alpha_{21})\frac{m_\alpha^2}{\rho^2} + \frac{D^4}{16R^2}m_{\Delta k}^2 + \frac{m_i^2 + m_v^2}{2} \tag{2-18}$$

由于 $\alpha_{12} \approx -\alpha_{21} = \alpha$,于是 $\tan\alpha_{12} \approx -\tan\alpha_{21} = \tan\alpha$,$\sec\alpha_{12} \approx \sec\alpha_{21} = \sec\alpha$,以及设 $m_i = m_v = 0$,得:

$$m_h^2 = \tan^2\alpha \cdot m_D^2 + \frac{D^2}{2\rho^2\cos^4\alpha}m_\alpha^2 + \frac{D^4}{16R^2}m_{\Delta k}^2 \tag{2-19}$$

通过式(2-19)可以看出,利用三角高程方法传递高程,要提高测量精度除采用高精度测量仪器外,宜选择竖角较小的边,同时尽量选短边。对于大气折光的影响,观测应尽量在中午附近进行,此时折光系数最稳定,与此同时,在较短的时间内完成对向观测可以更好地减小 Δk 值,在视线较短时 Δk 值对高差的影响可以忽略不计。

2.5 流体静力水准测量

2.5.1 基本原理及其应用

流体静力水准仪也叫连通管水准仪,和普通水准仪一样,是由一水平视线测定两个地面点的高差,只是水平视线不是由光学仪器实现而是由互相连通的两个水管完成。其工作原理如图 2-15 所示,当连通管内液体达到平衡时,读取两标尺读数 a 和 b,则 A、B 两点高差计算公式为:$h = a - b$。

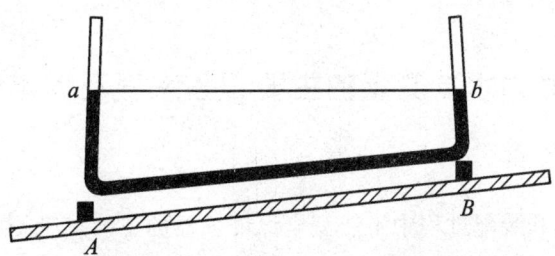

图 2-15 流体静力水准仪测量原理

流体静力水准系统由两个或多个观测装置组成，整体装置有观测头、基准罐、连通管三部分。

（1）观测头。观测头通过连接轴套和沉降观测点连成一体，随着沉降点的变动而变动，用来精密测定液面高度。其垂直变化量是通过精确测定液面的高度变化来计算的。各种流体静力水准仪结构本质上的区别只是在于测定和读取液面位置的方法不同，例如有目视法、目视接触法、电子接触法及其他法。

（2）基准罐。为了减少各观测头之间的相互牵制，提高观测精度，设置一个基准罐。

（3）连通管。用来使各观测头互相连接。

为了计算方便，以两个观测装置为例，见图 2-16，为了测定 A、B 两点的高差 h，将两容器用连通管连接，测头分放在 A、B 点上。由于连通管的作用，当静力平衡时，两液面处于同一高程面上。设两容器的顶端或读数零点相对于工作地面的高度分别为 a_1，a_2，容器中液面位置的读数或读数零点到液面的距离分别为 b_1，b_2，则 A、B 两点的高差为：

$$h = H_1 - H_2 = (a_1 - a_2) - (b_1 - b_2) \tag{2-20}$$

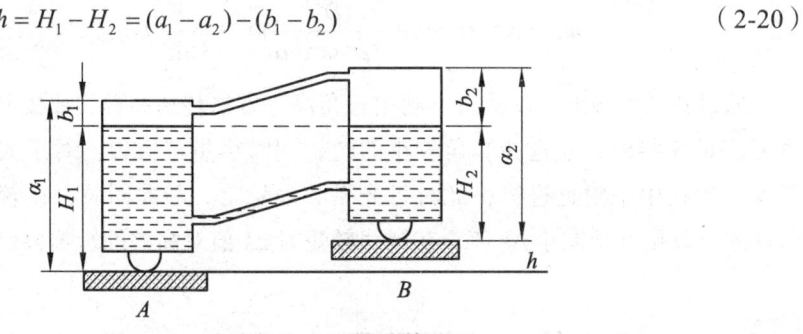

图 2-16 流体静力水准仪计算原理

虽然流体静力水准仪使用上不如普通水准仪方便，但由于它具有结构简单、观测迅速、测量精度高（最高可达 ±1 μm）、可连续和自动观测及遥测等优点，因此在许多工程和科研领域有广泛的应用。在不通视的条件下，在有高频震动的情况下（发电厂 50 Hz 的机械震动，自动安平水准仪失去作用），在要求特别高的精度时（如地震监测、加速器安装），必须应用流体静力水准测量。现今在检校玻璃冷加工的传递带，安装机床设备及电站的涡轮机，在矿山建设和开发中，以及在研究岩层运动的各项工作中，都应用了流体静力水准测量的方法。

2.5.2 流体静力水准测量的主要误差来源及其避免措施

1. 仪器误差

测绘仪器在加工和装配过程中不能完全保证仪器的正确几何关系，因而会给测量结果带来误差。静力水准仪的仪器误差主要包括零点差、传感器安置引起的误差、测管倾斜引起的误差、毛细现象引起的误差、测量杆和管身的变形引起的误差等。对于零点差（相当于水准标尺的零点差）采用偶数测站传递高程可使零点差自然消除。另外，利用对调位置的方法可以确定各管的零点差，依式（2-21）确定零点差值。

$$\delta = \frac{\Delta_1 - \Delta_2}{2} \tag{2-21}$$

式中：Δ_1 和 Δ_2 为对调前后测管的读数差。

由式（2-22）确定真高差。

$$\Delta = \frac{\Delta_1 + \Delta_2}{2} \tag{2-22}$$

2. 外界环境引起的误差

外界环境引起的流体静力水准仪测量误差主要包括温度、大气压强和重力的影响及静力水准仪中的液体气泡、蒸发、杂质的影响和日月潮汐、地球曲率的影响等。对于温度、大气压强和重力的影响可采用式（2-23）进行计算：

$$m_h = \pm\sqrt{0.0001^2 m_p^2 + (0.00018h)^2 m_t^2 + (0.000001h)^2 m_g^2} \tag{2-23}$$

式中：t 为温度，单位为 °C；h 为水柱高，即测值，单位为 m；g 为重力加速度，单位为 m/s^2。

实验指出，即使是将沸腾过的水放入高温处理过的连通管里，也会产生气泡。气泡的存在，连通管内的水密度就将产生变化。因此，必然会引起连通管液柱高度的变化。实验表明，由此引起的误差大约几微米。敞口的流体静力水准仪水的蒸发速度是 0.02 ~ 0.18 mm/h，在封闭系统中，此影响可忽略不计。对于连通器内液体的污染要采取防范措施，其可使连通管内的液体密度发生改变，一般在液体内加入防腐剂等。

由月亮和太阳产生的引潮力可使水准面高差发生变化，实验表明，当被测量高差之间的距离为 500 m 时，水准面高差的变化可达 20 ~ 50 μm，对此可预先编制出有关的专用表格，来加以改正。

3. 避免误差的措施

（1）为达到水准测量的高精度，流体静力水准系统应仔细封闭，各连通管应大致在同一水平面内。在液体内不允许有堵塞连通管横断面的气泡。

（2）应当在测管温度达到平衡时进行测量。当测管局部受热时会影响测量精度，因而要加入温度改正。

【思考题】

2-1 沉降监测中如何保证观测精度?

2-2 沉降变形监测系统的组成有哪些?

2-3 在二等水准测量观测中,应遵循怎样的观测顺序,为什么?

2-4 在三角高程测量中,怎样提高观测精度?

第 3 章 建筑物的水平位移监测

3.1 概 述

3.1.1 水平位移监测的意义

大型工程建筑物由于本身的自重、混凝土的收缩、温度的变化等，本身将产生平面位置的相对移动。另外，工程建筑物由于外力的作用，将产生一定的位移，如移动量超过一定的安全值，势必造成危险，例如山体滑坡、大坝的水平移动等。适时监测建筑物的水平位移量，能有效地监控建筑物的安全状况，并可根据实际情况采取适当的加固措施，避免安全事故的发生。

3.1.2 水平位移监测的基本原理

假设建筑物上某个观测点在第 i 次水平位移监测中测的坐标为 X_i、Y_i，此点的原始坐标为 X_0、Y_0，则该点的水平位移量 δ 为：

$$\begin{cases} \delta_x = X_i - X_0 \\ \delta_y = Y_i - Y_0 \end{cases}$$

若此观测点在经历了 t 时间，其水平位移值为 δ，那么该点的平均变形速度为 $\bar{v} = \dfrac{\delta}{t}$。

3.1.3 水平位移监测的方法

水平位移观测是变形监测的主要内容之一，常用的水平位移观测方法有以下几类：

1. 大地测量法

三角网测量法、精密导线测量法、交会法等，这些方法在早期的水平位移测量中占有重要位置。该方法劳动强度高，速度慢。随着测绘仪器的发展，技术的完善，全自动监测的测量仪器已在监测工作中应用，其能自动搜索、辨识、跟踪目标，并将数据实时传入电脑，利用软件来进行解算。例如，Leica的TCA2003、TM50等全站仪。

2. 基准线法

基准线法特别适用于直线形建筑物的水平位移监测，其类型主要包括：视准线法、引张线法、激光准直法和垂线法等。

3. 专用测量法

专用测量法是采用专门的仪器和方法测量变形体内部水平位移的方法，如采用多点位移计、收敛仪、测斜管、光纤等。

4. 全球导航卫星系统测量法

全球导航卫星系统，包括美国的GPS、俄罗斯的Glonass、欧洲的Galileo、中国的北斗卫星导航系统，利用其自动化、全天候观测的特点，在工程的外部或内部布设监测点，利用其实时的监控数据，实现高精度、全自动的水平位移监测，该方法已经在我国的水利、桥梁等工程中得到广泛的应用。

5. 遥感及航空摄影

随着测量技术的发展，特别是高分辨率传感器的出现，利用遥感进行监测已成为可能。遥感动态监测主要是利用不同时期的遥感数据，定量地分析和确定地表变化的特征与过程。此种方法不但工作效率高，而且控制面积大，已在土地、水利、气象等部门得到广泛应用。

3.2 水平位移监测网（点）的布设

3.2.1 水平位移监测网（点）的构成

水平位移监测系统同沉降变形监测系统相似，也是由基准点、工作基点、观测点组成。基准点与工作基点构成水平位移监测基准网，用于监测工作基点相对于基准点的变化量。工作基点和观测点组成水平位移监测网，用以监测观测点的变化情况。对于工程规模较小、沉降观测精度要求较低时，可直接布设基准点和观测点两级，不再布设工作基点。

3.2.2 水平位移监测网（点）的布设要求

1. 平面基准点的数量

为了基准点之间的校核及方便工作，平面基准点不应少于 3 个，工作基点可根据实际情况进行设置。基准点、工作基点应根据实际情况构成一定的网形，并按规定的精度定期检测。

2. 平面基准点标志形式及埋设

对于精度要求严格的监测应建造具有强制对中装置的观测墩或埋设专门观测标石（图 3-1），强制对中装置的对中误差不应超过 ±0.1 mm；平面位移控制点应在稳定地区埋设，对于标准的混凝土标应建在稳固的基岩上；当地表覆盖层较厚时，可开挖或转孔至基岩；如条件困难可埋设深层钢管标或双金属标或可直接埋设混凝土标（图3-2），这时的混凝土标志基础应加大，且埋设在冻土线以下，以防止土层冻融对标志的稳定性产生影响。

图 3-1　强制对中基座与强制对中观测墩

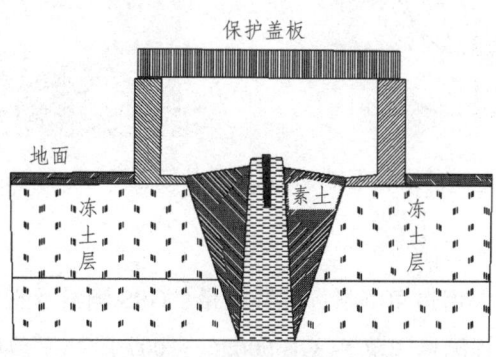

图 3-2　水平位移基准点

3. 位移观测点的标志形式及埋设

位移监测点埋设时要与变形体紧密结合，能充分反映变形体的形变特点，对于工业与民用建（构）筑物的水平位移测量，观测点应布设在建筑物的主要墙角和柱基上以及建筑沉降缝的顶部和底部，当有建筑裂缝时，还应布设在裂缝的两边。对于大型构筑物应埋在其顶部、中部和下部。

为了便于观测和提高观测精度，一般大的项目观测点通常埋设混凝土标，其照准标志有明显的几何中心或轴线，图像反差大、图案对称、相位差小和本身不变形等要求。根据点位不同情况可选用重力平衡球式标、旋入式杆状标、觇牌、贴片等形式的标志（图 3-3 ~ 图 3-5）。

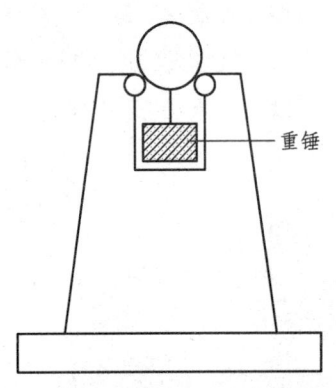

图 3-3　重力平衡球式照准标志

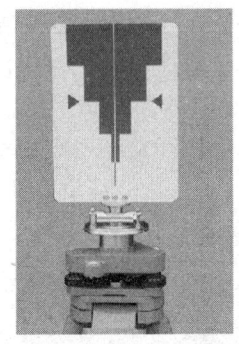

图 3-4　固定式觇牌

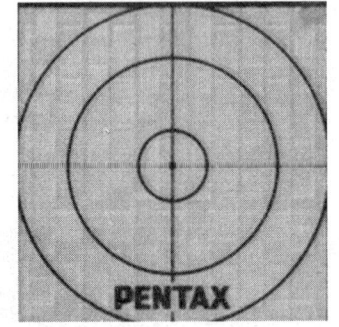

图 3-5　反光贴片标志

4. 平面控制精度

平面控制测量中可采用边角测量、导线测量、GPS 测量及三角测量、三边测量、视准轴等形式，根据《工程测量规范》(GB 50026—2007)，水平位移监测基准网的要求见表 3-1。

表 3-1 水平位移监测基准网的技术要求

等 级	相邻基准点的点位中误差/mm	平均变长 L/m	测角中误差/(″)	测边相对中误差	水平角测回数	
					1″仪器	2″仪器
一等	1.5	≤300	0.7	≤1/300 000	12	—
		≤200	1.0	≤1/200 000	9	—
二等	3.0	≤400	1.0	≤1/200 000	9	—
		≤200	1.8	≤1/100 000	6	9
三等	6.0	≤450	1.8	≤1/100 000	6	9
		≤350	2.5	≤1/80 000	4	6
四等	12.0	≤600	2.5	≤1/80 000	4	6

注：GPS 水平位移监测基准网不受测角中误差和水平角观测测回数指标的限制。

另外，根据《工程测量规范》（GB 50026—2007）的规定，水平位移观测点的精度要求见表 3-2。

表 3-2 水平位移观测点的精度要求

等 级	一等	二等	三等	四等
水平位移观测点的点位中误差/mm	1.5	3.0	6.0	12.0

3.3 常规大地测量方法

3.3.1 前方交会法

所谓前方交会，就是在两个已知控制点上观测角度，通过计算求得待定点的坐标值。如图 3-6 所示，在三角形 ABP 中，A、B 的坐标已知，P 点为未知点，为求其位置，利用仪器在 A 点、B 点设站，精确观测出 $\angle A$ 和 $\angle B$ 的大小，利用式（3-1）求出 $P(x_p, y_p)$。

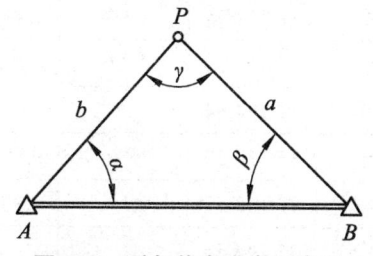

图 3-6 测角前方交会示意图

$$\begin{cases} x_p = \dfrac{x_A \cot\beta + x_B \cot\alpha - y_A + y_B}{\cot\alpha + \cot\beta} \\ y_p = \dfrac{y_A \cot\beta + y_B \cot\alpha + x_A - x_B}{\cot\alpha + \cot\beta} \end{cases} \quad (3\text{-}1)$$

测角交会测量的精度按下式计算：

$$m_p = \dfrac{m_\beta}{\rho}\sqrt{\dfrac{a^2+b^2}{\sin^2\gamma}} \quad (3\text{-}2)$$

式中，m_β 为测角中误差，γ 为交会角，a、b 为交会边长。必须指出，采用测角交会法时，点号 A、B、P 是按逆时针编号的，其中 P 点为未知点。对于交会角 γ 最好接近 90°，若条件所限，也可为 60°~120°。要求工作基点到测点的距离，不宜大于 300 m。三方向交会点的坐标取平均值，三方向交会的定位误差可采用两方向的 $\dfrac{1}{\sqrt{2}}$。

【例 3-1】 如图 3-7 所示，已知 $\alpha_1 = 40°41'45''$，$\beta_1 = 75°19'02''$，$\alpha_2 = 59°11'35''$，$\beta_2 = 69°06'23''$，其中 $A(37\,477.54,\ 16\,307.24)$，$B(37\,327.20,\ 16\,078.90)$，$C(37\,163.69,\ 16\,046.65)$，利用前方交会法求解点 P 坐标。

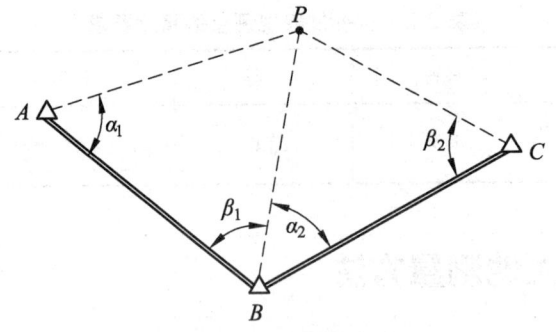

图 3-7 三方向交会法

解算过程见表 3-3。

表 3-3 前方交会计算表

点名	$\alpha\beta$ 观测值	x		余切		y	
P		x'_p	37 194.57			y'_p	**16 226.42**
A	40°41'45''	x_A	37 477.54	$\cot\alpha_1$	1.162 641	y_A	16 307.24
B	75°19'02''	x_B	37 327.20	$\cot\beta_1$	0.262 024	y_B	16 078.90
P		x''_p	**37 194.54**			y''_p	**16 226.42**
B	59°11'35''	x_B	37 327.20	$\cot\alpha_2$	0.596 284	y_B	16 078.90
C	69°06'23''	x_C	37 163.69	$\cot\beta_2$	0.381 735	y_C	16 046.65
		x_p	**37 194.56**			y_p	**16 226.42**

3.3.2 测边交会法

如图 3-8 所示，A、B 为已知点，其坐标为 $A(x_A, y_A)$、$B(x_B, y_B)$，AP，BP 的观测值为 $AP = b$，$BP = a$，根据余弦定理得：

$$\begin{cases} \cos A = \dfrac{S_{AB}^2 + b^2 - a^2}{2 \cdot S_{AB} \cdot b} \\ \cos B = \dfrac{S_{AB}^2 + a^2 - b^2}{2 \cdot S_{AB} \cdot b} \end{cases} \quad (3\text{-}3)$$

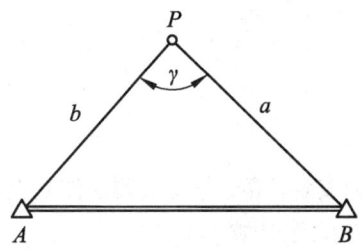

图 3-8 测边交会示意图

顾及式（3-1），可求得 P 点坐标。P 点精度按式（3-4）计算。

$$m_p = \frac{1}{\sin \gamma}\sqrt{m_a^2 + m_b^2} \quad (3\text{-}4)$$

式中：m_a 和 m_b 为 BP、AP 的边长中误差；γ 为交会角。如果测距为同精度观测，则 $m_a = m_b = m$，则公式（3-4）变为：

$$m_p = \frac{\sqrt{2}}{\sin \gamma} m \quad (3\text{-}5)$$

由式（3-5）可知，当 γ 角等于 90°时，m_p 值最小；采用测角交会法时，注意以下几点：

（1）γ 通常应保持在 60°~120°。

（2）交会边长度 a，b 尽量相等，且一般不宜大于 600 m。

为了避免外业观测发生错误，并提高交会点 P 的精度，要求分成两组进行测边交会求出 P 点的两组坐标 x'_p、y'_p 和 x''_p、y''_p 而后取中数，即：

$$x_p = \frac{1}{2}(x'_p + x''_p),\ y_p = \frac{1}{2}(y'_p + y''_p)$$

所以

$$m_{x_p}^2 = \frac{1}{4}(m_{x'_p}^2 + m_{x''_p}^2),\ m_{y_p}^2 = \frac{1}{4}(m_{y'_p}^2 + m_{y''_p}^2)$$

则 $$m_p = \pm \frac{1}{2}\sqrt{m^2_{p'} + m^2_{p''}} \quad (3\text{-}6)$$

式中，$m^2_{p'}$、$m^2_{p''}$ 是由两组两边交会来得的点位精度，对于图 3-8 来说，按式（3-5），得

$$m_{p'} = \frac{\sqrt{2}}{\sin \gamma_1} m$$

$$m_{p''} = \frac{\sqrt{2}}{\sin \gamma_2} m$$

则 $$m_p = \frac{m}{\sqrt{2}} \sqrt{\frac{1}{\sin^2 \gamma_1} + \frac{1}{\sin^2 \gamma_2}}$$

3.3.3 后方交会法

如图 3-9 所示，在观测点 P 安置仪器，分别观测工作基点 A、B、C，得到水平角 α, β, γ，则待定点 P 的坐标利用公式（3-7）计算。

$$\begin{cases} x_p = \dfrac{P_A x_A + P_B x_B + P_C x_C}{P_A + P_B + P_C} \\ y_p = \dfrac{P_A y_A + P_B y_B + P_C y_C}{P_A + P_B + P_C} \end{cases} \quad (3\text{-}7)$$

式中

$$\begin{cases} P_A = \dfrac{1}{\cot \angle A - \cot \alpha} = \dfrac{\tan \alpha \tan \angle A}{\tan \alpha - \tan \angle A} \\ P_B = \dfrac{1}{\cot \angle B - \cot \beta} = \dfrac{\tan \beta \tan \angle B}{\tan \beta - \tan \angle B} \\ P_C = \dfrac{1}{\cot \angle C - \cot \gamma} = \dfrac{\tan \gamma \tan \angle C}{\tan \gamma - \tan \angle C} \end{cases} \quad (3\text{-}8)$$

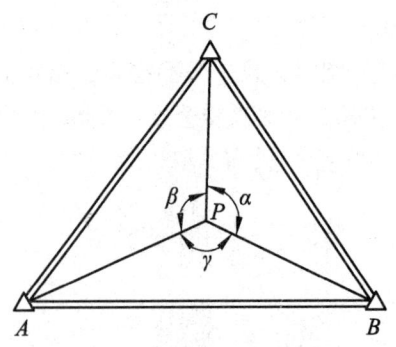

图 3-9 测角后方交会示意图

采用测角后方交会时，未知点 P 上的三个角 α, β, γ 必须分别与已知点 A，B，C 按图

上关系对应，角的观测按方向法，其总和为360°。应注意P点不能位于或接近三个已知点的外接圆，否则P点无解或计算精度低。

【**例 3-2**】已知 A（2 417.214，6 324.287），B（2 229.287，6 509.906），C（2 516.871，6 648.288），见图3-10。利用全站仪在 O 点分别瞄准 A，B，C 三方向进行方向法角度观测，经过平差得：$\alpha = 127°10'02''$，$\beta = 139°05'01''$，$\gamma = 93°44'57''$。利用后方交会法求解 O 点坐标。

根据三点坐标得到 $\angle A = 62°27'04''$，$\angle B = 70°20'31''$，$\angle C = 47°12'25''$，而 $\alpha = 127°10'02''$，$\beta = 139°05'01''$，$\gamma = 93°44'57''$，利用式（3-8），得 $P_A = 0.781\,38$，$P_B = 0.661\,82$，$P_C = 1.008\,76$，$P = P_A + P_B + P_C = 2.451\,96$，将 A，B，C 三点坐标分别代入公式，得：

$$\begin{cases} x_p = \dfrac{P_A x_A + P_B x_B + P_C x_C}{P_A + P_B + P_C} = 2\,407.490\,(\text{m}) \\ y_p = \dfrac{P_A y_A + P_B y_B + P_C y_C}{P_A + P_B + P_C} = 6\,507.686\,(\text{m}) \end{cases}$$

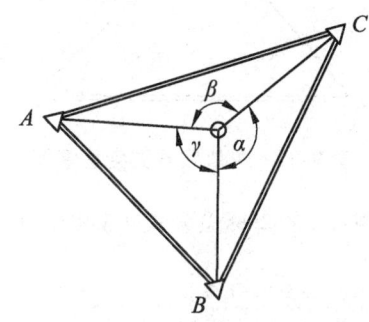

图 3-10　后方交会图

3.3.4　边角后方交会法

以 A、B 两个基准点，一个交会点 P（工作基点）为例，在交会点 P 处观测 PA、PB 的边长 b、a 及两边的夹角 γ（见图3-11），计算点 P 的坐标。

（1）根据已知控制点 A、B，计算 A、B 两点间的边长 D_{AB}。

其中：

$$D_{AB} = [(Y_B - Y_A)^2 + (X_B - X_A)^2]^{1/2}$$

（2）根据 a、b 及 D_{AB} 通过余弦定理求出夹角 α，β。

$$\alpha = \arccos\left(\frac{D_{AB}^2 + b^2 - a^2}{2 \cdot D_{AB}^2 \cdot b^2}\right)$$

$$\beta = \arccos\left(\frac{D_{AB}^2 + a^2 - b^2}{2 \cdot D_{AB}^2 \cdot a^2}\right)$$

（3）计算、分配三角网闭合差。

$$\omega = \alpha + \beta + \gamma - 180°$$

$$\hat{\alpha} = \alpha - \frac{\omega}{3}, \quad \hat{\beta} = \beta - \frac{\omega}{3}, \quad \hat{\gamma} = \gamma - \frac{\omega}{3}$$

（4）利用前方交会法计算测站点（工作基点）P 的坐标：

$$\begin{cases} x_p = \dfrac{x_A \cot \hat{\beta} + x_B \cot \hat{\alpha} - y_A + y_B}{\cot \hat{\alpha} + \cot \hat{\beta}} \\ y_p = \dfrac{y_A \cot \hat{\beta} + y_B \cot \hat{\alpha} + x_A - x_B}{\cot \hat{\alpha} + \cot \hat{\beta}} \end{cases}$$

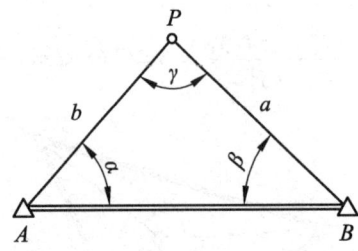

图 3-11　边角后方交会示意图

另外，利用 P 点计算监测点 i 的坐标见公式（3-9），示意图如图 3-12。

$$\begin{cases} x_i = X_p + D_{pi} \cos(\alpha_{PB} + \alpha_i) \\ y_i = Y_p + D_{pi} \sin(\alpha_{PB} + \alpha_i) \end{cases} \tag{3-9}$$

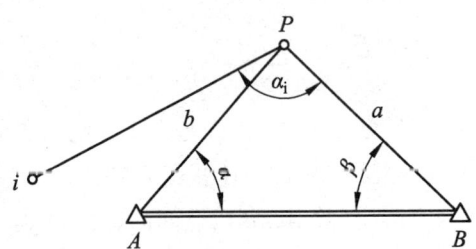

图 3-12　边角后方交会观测监测点

3.3.5　全站仪测量（极坐标法）

如图 3-13 所示，将全站仪安置在测站点 A 上，选定三维坐标测量模式后，输入仪器高 i，目标高 v，以及测站点的三维坐标值（x_A, y_A, H_A），然后照准另一已知点，设定此时的方位角或点的坐标，接着照准目标点 P 上的棱镜，仪器就会利用下式自动计算目标点 P 的三维坐标值（x_p, y_p, H_p）。

$$\begin{cases} x_P = x_A + S\cos\alpha\cos\theta \\ y_P = y_A + S\cos\alpha\sin\theta \\ H_P = H_A + S\sin\alpha + i - v \end{cases}$$

式中：S 为仪器至棱镜的斜距；α 为仪器至棱镜的竖直角；θ 为仪器至棱镜的方位角。

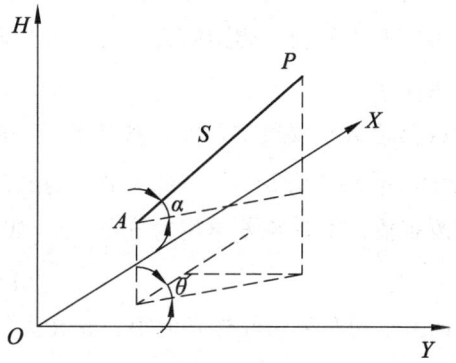

图 3-13　全站仪测量三维坐标

若仅仅考虑平面测量情况（见图 3-14），在已知点 A 安置仪器，后视方向 AB 为已知，其中观测值 $\angle BAP = \beta$，$AP = D$，通过已知方向 AB 及 β，可计算 AP 的坐标方位角 α，因此点 P 的平面坐标为：

$$\begin{cases} x_P = x_A + D\cos\alpha_{AP} \\ y_P = y_A + D\sin\alpha_{AP} \end{cases}$$

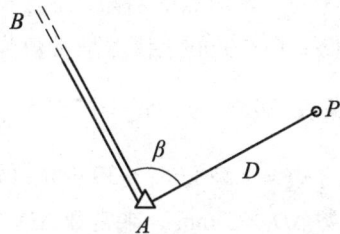

图 3-14　全站仪测量二维坐标

由于 $\Delta X = D\cos\alpha, \Delta Y = D\sin\alpha$，利用误差传播定律可得 $m_{\Delta X}^2 = \cos^2\alpha \cdot m_D^2 + \Delta Y^2 \cdot \left(\dfrac{m_\alpha}{\rho}\right)^2$，$m_{\Delta Y}^2 = \sin^2\alpha \cdot m_D^2 + \Delta X^2 \cdot \left(\dfrac{m_\alpha}{\rho}\right)^2$，因此待定点 P 的位置中误差为：

$$m_P^2 = m_D^2 + D^2 \cdot \left(\dfrac{m_\alpha}{\rho}\right)^2 \tag{3-10}$$

其中，m_D, m_α 为测量边长 AP 和计算 AP 边坐标方位角的中误差。

通过式（3-10）可以看出，影响点位水平位移观测精度的主要因素是水平角观测精度和距离观测精度，因此应尽量使用高精度仪器或适当增加测回数来提高观测精度，在距离观测中应使用高精度测距仪来提高距离的测量精度，特别在长距离测量中，要加入各项改正，使其更趋近于真实距离。

在距离测量中必须选用与全站仪配套的合作目标，即反光棱镜。在距离测量前应进行气象改正、棱镜类型、棱镜常数校验、测距模式的设置等，而后进行距离测量。只有参数合理，才能得到高精度结果。

（1）仪器常数改正：仪器常数指仪器加常数、乘常数，一般以 $m_D = \pm(a + b \times 10^{-6} D)$ 表示，其中加常数用 a 表示、乘常数用 b 表示。加常数 a 与实测距离大小无关，乘常数 b 应与实测距离相乘得到改正值，乘常数 b 单位为 mm/km，如实测距离单位为 km，所得改正值单位为 mm。

（2）气象改正[PPM]：由于测距采用红外光测距，光在大气中传播因大气折射率不同而变化，而大气折射率与温度和气压有关。据资料分析，在一般的气象条件下，在 1 km 的距离上，温度变化 1 ℃ 所产生的测距误差为接近 1 mm，气压变化 1 mmHg 所产生的测距误差近 0.4 mm，湿度变化 1 单位所产生的测距误差为 5×10^{-2} mm。湿度的影响很小，可以忽略不计。气象改正数可以输入温度、气压值，由仪器自动计算，也可直接输入 PPM 值进行设置。

（3）倾斜改正：经过前两项改正后得到的是全站仪几何中心与棱镜几何中心的斜距，需核算成平距，称之为倾斜改正。

【例 3-3】 一台全站仪，测量 AB 两点的斜距为 $S'_{AB} = 1\ 578.567$ m，测量时的气压 $p = 910$ mmHg，$t = 25$ ℃，竖角 $\alpha = 15°30'00''$，仪器加常数为 2 mm，乘常数为 2.5×10^{-6}，求 AB 的水平距离。其中，气象改正公式为：$K_S = \left(281.8 - \dfrac{0.290\ 65 p}{1 + 0.003\ 66 t}\right) \times 10^{-6}$。

（1）气象改正：$\Delta D_1 = S'_{AB} \times K_S = 1.578\ 567 \times 39.480\ 714\ 61 = 62.3$（mm）

（2）仪器常数改正：加常数 $\Delta D_2 = 2$ mm，乘常数 $\Delta D_3 = 2 \times 1.578\ 567 = 3.2$（mm）

（3）改正后的斜距：$S_{AB} = S'_{AB} + \Delta D_1 + \Delta D_2 + \Delta D_3 = 1\ 578.634\ 5$（m）

（4）AB 的水平距离：$D_{AB} = S_{AB} \times \cos\alpha = 1\ 578.634\ 5 \times \cos 15°30'00'' = 1\ 521.220$（m）

3.4 基准线法

基准线法是以建筑物轴线（例桥梁轴线、大坝轴线）或平行于建筑物轴线的铅垂面为基准面，根据它来测定建筑物的水平位移。依据建立此基准面使用的工具和方法不同，基准线法分为视准线法、引张线法、激光准直法及垂线法等。

3.4.1 视准线法

在许多直线型工程建筑物变形监测中，人们关心建筑物在某一特定方向上的水平位移，我们以两固定点的连线作为基准线，测量变形观测点到基准线的距离，通过距离变化量来确定观测点位移的方法叫作视准线法。视准线观测方法具有原理简单、方法实用、实施简便、投资较少等特点，在水平位移监测中得到了广泛应用，并且派生出了多种多样的观测方法。

1. 测小角法

视准线小角法原理，见图 3-15，A、B 为工作基点，将全站仪安置于 A 点，观测监测点 P，工作基点 A、B 之间的角度，即 $\angle PAB$（测回法观测）。设初次观测值为 β_0，第 i 次观测值为 β_i（P 点变化到 P'），计算两次角度变化值 $\Delta\beta = \beta_i - \beta_0$，则 $\delta = PP' = \dfrac{\Delta\beta \times D}{\rho}$，$D$ 为 AP 观测距离。这里，用到了正切公式，将三角形 $P'AP$ 看为直角三角形，$\tan\Delta\beta = \dfrac{PP'}{D}$，由于 $\Delta\beta$ 很小，因而 $\tan\Delta\beta \approx \Delta\beta$，同时，为了等式两边单位的统一，要除以 206 265（即 ρ），也就是 1 弧度的秒数。

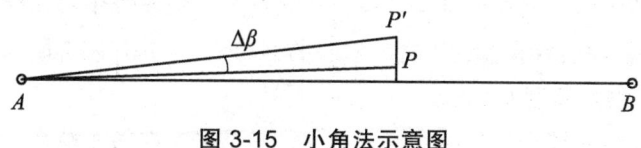

图 3-15 小角法示意图

小角法测量的精度按下式计算：

$$m_\delta = \pm \frac{1}{\rho}\sqrt{D^2 m_{\Delta\beta}^2 + \Delta\beta^2 m_D^2} \tag{3-11}$$

通过式（3-11）可以看出，影响水平位移观测精度的主要因素是水平角观测精度和距离观测精度，因此应尽量使用高精度仪器或适当增加测回数来提高观测精度，在距离观测中应使用高精度测距仪来提高距离的测量精度。

2. 方向线偏移法

小角法测量还可以采用在观测点上设置仪器，通过观测角值，从而计算变形点的位移量。如 A、B 为工作基点，P 点为监测点，其大致在 A、B 连线上，其中 $AP = D_1$，$BP = D_2$。经过时间 t 后观测点 P 移动至点 P'，$\Delta\alpha = \angle APB - \angle AP'B$，见图 3-16，值 PP' 为：

$$PP' = \frac{\Delta\alpha}{\rho} \times \frac{D_1 \cdot D_2}{D_1 + D_2} \tag{3-12}$$

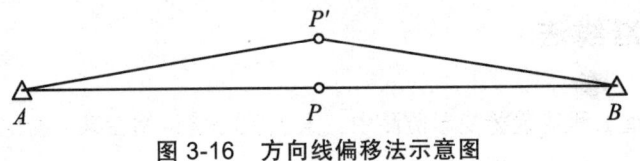

图 3-16　方向线偏移法示意图

由于水平距离测量误差对位移测量精度的影响相对于测角误差可以忽略,中误差可以写为:

$$m_{ii'} = \frac{m_\alpha}{\rho} \times \frac{D_1 \cdot D_2}{D_1 + D_2} \tag{3-13}$$

通过式(3-13)可知,当 $D_1 = D_2 = D/2$ 时,即 i 点位于中间部位时,误差最大,值为:

$$m_{ii'} = \frac{m_\alpha}{2\rho} \times \frac{D}{2} \tag{3-14}$$

在式(3-11)与式(3-13)对比中,可以看出,第二种观测方式对提高精度更有利。但其架设一次仪器仅能测得一个点的位移情况,因此操作较为烦琐。

3. 活动觇牌法

活动觇牌法是将活动觇牌分别安置在各观测点上,使觇牌中心在视线内,通过活动觇牌上的微动装置和读数装置读出觇牌中心的移动值,如图 3-17 所示。活动觇牌的最小读数 0.01 mm,测量精度 0.1 mm。

观测时先在基线一端安置经纬仪或视准仪,瞄准安置在另一端点上的固定觇牌进行定向。然后由观测员指挥作业人员转动活动觇牌上的水平调节螺旋,使觇牌上的照准标志位于望远镜十字丝竖线上,并记录活动觇牌上的读数。用读数减去觇牌零位值(觇牌照准标志位于观测点铅垂方向时的读数)即是该点偏离基准线的距离。每个观测点,应按确定的测回数进行往测与返测,基准线离开观测点的距离不应超过活动觇牌读数尺的读数范围。

图 3-17　活动觇牌

3.4.2 引张线测量

所谓引张线,就是在两个工作基点间拉紧一根不锈钢丝而建立的一条基准线,以此基准线对设置在建筑物上的观测点进行偏离量的监测,从而求得各观测点的水平位移。引张线法主要是在直线建筑物中测量其水平位移,在坝体位移监测中应用较多。原理如图 3-18 所示。由于各观测点上的标尺与建筑物紧密结合,因此金属丝在标尺上的读数变化值就是该观测点在垂直于基准线方向上的水平位移量。

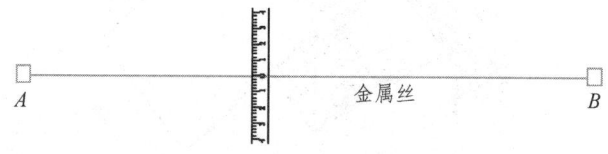

图 3-18 引张线法测量示意图

引张线法设备简单、测量方便、精度高、成本低,可以降低旁折光的影响,因而在我国得到广泛的应用。由于布置的金属丝易受外界环境影响,特别是外界风力影响,因此,在坝体变形测量中,一般在坝体廊道内进行。随着自动化技术的发展,国内已有步进电机光电跟踪式引张线仪、电容感应式引张线仪、电磁感应式引张线仪等。

1. 有浮托引张线

引张线系统测线一般采用钢丝,测线在重力作用下会有弯曲,为避免弯曲的出现,在钢丝下面采用若干浮托装置,托起测线,减少钢丝的垂曲。

1) 系统构造

引张线系统主要包括端点装置、测点装置、测线及其保护管。端点装置(见图 3-19)可采用一端固定、一端加力的方式,也可采用两端加力的方式。加力端装置包括定位卡、滑轮和重锤,固定端装置仅有定位卡和固定栓。定位卡的作用是保证测线在更换前后的位置保持不变,定位卡的"V"形槽槽底应水平,且方向与测线一致。滑轮的作用是使测线能平滑移动,在安装时,应使滑轮槽的方向及高度与定位卡的"V"形槽一致。

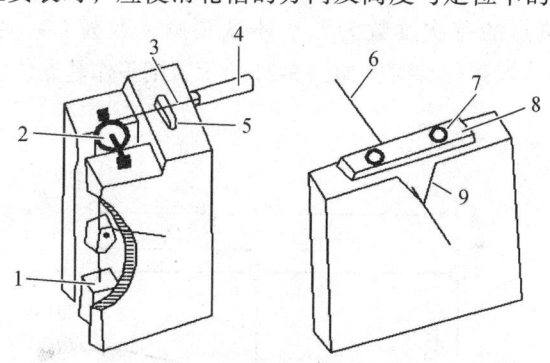

1—重锤;2—滑轮;3—测线;4—保护管;5—夹线装置;
6—钢丝;7—压板螺旋;8—压板;9—V 形夹槽。

图 3-19 引张线端点装置

有浮托引张线的测点装置包括水箱、浮船、标尺、底盘和测点保护箱（见图3-20）。浮船的体积通常为其承载重量与其自重之和的排水量的1.5倍。

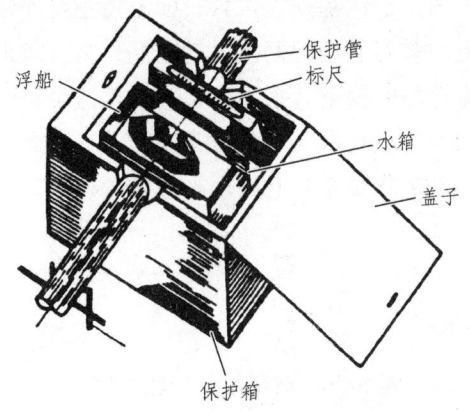

图 3-20　测点装置示意图

水箱的长、宽、高为浮船的1.5~2倍，水箱水面应有足够的调节余地，以便调整测线高度满足量测工作的需要，寒冷地区水箱中应采用防冻液。读数尺的长度应大于位移量的变幅，一般不小于50 mm，同一条引张线的读数尺零方向必须一致，一般将零点安装在下游侧，尺面应保持水平，尺的分划线应平行于测线，尺的位置应根据尺的量程和位移量的变化范围而定。

测线一般采用直径0.6~1.2 mm的不锈钢丝，要求表面光滑，粗细均匀，抗拉强度大。为了防风及保护测线，通常将测线套在保护管内，并在管中呈自由状态。保护管安装时，宜使测线位于保护管中心，以保证测线在管内有足够的活动空间，保护管和测点保护箱应封闭防风。

2）引张线的观测

引张线的观测，利用刻有测微分划线的读数显微镜进行读数。先读取标尺上的读数，然后用显微镜读取毫米以下的小数。由于钢丝有一定的宽度，不能直接读出钢丝中心线对应的数值，所以须读取钢丝左右两边对应于不锈钢尺上的数值，然后求得钢丝中心的读数。设引张线第 i 个观测点的首次读数为 L_0，本次观测读数为 L，则观测点 i 的位移为 $\delta_i = L - L_0$，当工作基点发生位移时，如图3-21所示，则工作基点位移对观测点的影响为：

$$\Delta_i = \Delta_B + \frac{D_i}{D}(\Delta_A - \Delta_B) \qquad (3-15)$$

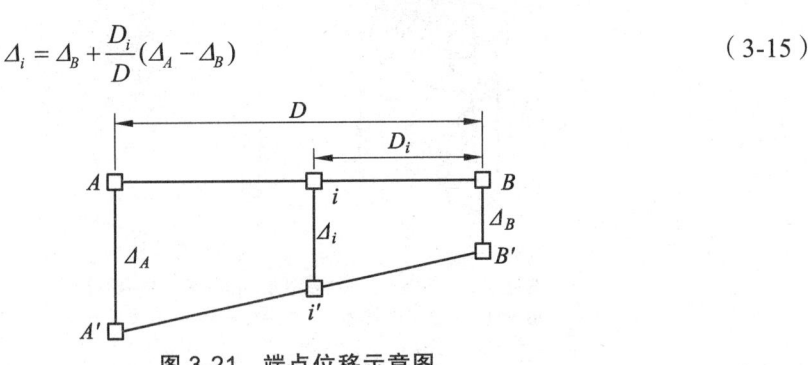

图 3-21　端点位移示意图

式中：Δ_A、Δ_B 为工作基点 A、B 的位移；D_i 为观测点 i 到工作基点 B 的距离。因此，观测点 i 的总位移为 $\delta_i = L - L_0 + \Delta_i$。

2. 无浮托引张线

有浮托引张线装置由于液体浮力的原因，在观测时必须检测测线是否处于正常工作状态。另外，浮液要定期进行更换，为了实现自动化观测，人们便取消了浮托装置。

无浮托引张线其观测原理与有浮托的基本相同，它的设备较为简单。引张线的一端固定在端点上，另一端通过滑轮悬挂一重锤将引张线拉直，取消了各测点的水箱和浮船等装置，在各测点上只安装读数尺和安装引张线仪的底板，用以测定读数尺或引张线仪相对于引张线的读数变化，从而算出测点的位移值。由于没有浮托，为避免因测线的自重而产生弯曲影响观测精度，必须加大拉力，因此对测线的强度有更高的要求。无浮托引张线的观测方法与有浮托的基本相同，既可用显微镜在各测点的读数尺上读数，亦可在各测点上安装光电引张线仪进行遥测，最新的引张线测量系统采用线阵 CCD 传感器实现自动读数，其量程为几厘米，精度优于 ± 0.1 mm。

3.4.3 激光准直法

激光准直法是指利用激光发射激光束作为基准线，在需要监测的点上安置接收装置，从而确定监测点偏离基准线的方法。根据其测定偏离值原理的不同，可以分为激光经纬仪准直法、波带板激光准直法和真空管激光准直法。

1. 激光经纬仪准直法

激光经纬仪准直法是通过经纬仪望远镜发射激光束，在监测点上安置光电探测器来接收激光束的方法测量监测点的位移。与活动觇牌法类似，激光经纬仪准直法其实是将活动觇牌法中的光学经纬仪用激光经纬仪代替，觇牌用光电探测器代替。光电探测器中心装有两个半圆的硅光电池。两个硅光电池各接在检流表上，如激光束通过觇牌中心时，硅光电池左右两半圆上接收相同的激光能量，检流表指针归零。反之，检流表指针偏离零位，这时，移动光电探测器使检流表指针归零，即可在读数尺上读取读数。为了提高读数精度，通常利用游标尺可读到 0.1 mm，采用测微器时，可读到 0.01 mm。

具体操作如下：

（1）将激光经纬仪安置在控制点 A 上，在另一端点 B 安置光电探测器。调整经纬仪的激光束方向，使 B 的光电探测器的读数归零。这时基准面已确定，经纬仪水平度盘不要再动。

（2）依次将望远镜的激光束投射到安置于每个观测点处的光电探测器上，移动光电探测器，使检流表指针归零，读取每个观测点相对于基准面的偏离值。将各期的偏离值进行比较，即可确定观测点的水平位移情况。

2. 波带板激光准直法

波带板激光准直系统由 3 个部件组成：激光器点光源、波带板装置（图 3-22）和光电探测器。在基准线两端点 A、B 分别安置激光点光源及光电探测器，在观测点 P 上安置波带板，当激光点光源发射的一束激光，通过波带板上不同透光孔进行衍射，会在光源和波带板连线的延伸方向线上的某处形成一个亮点。采用专用的波带板，可以使亮点恰好落在接收端 B 的位置上（见图 3-23）。

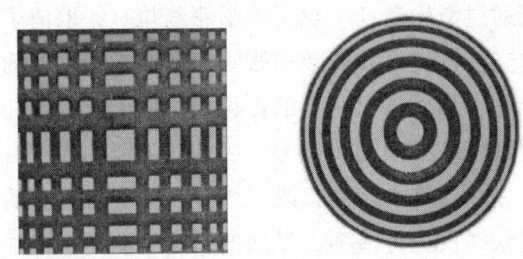

图 3-22　方形与圆形波带板

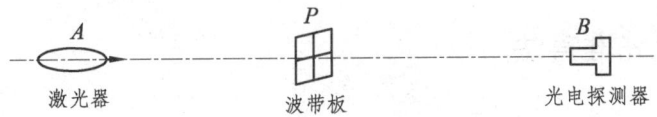

图 3-23　波带板激光准直系统示意图

当位于观测点位置的波带板随着测点发生水平移动时，利用探测器可测出的光斑位置变化量 b，利用式（3-16）可计算测点的位移值，见图 3-24。

波带板激光准直测量系统可以把几百米之外的点光源聚焦后形成直径 1 mm 的点，因此，即使在接收屏上利用肉眼判断其位置，也能达到很高精度。利用光电探测装置不但精度高，还能实现自动观测。实验表明，这种装置测定偏离值的精度达到 10^{-6}。

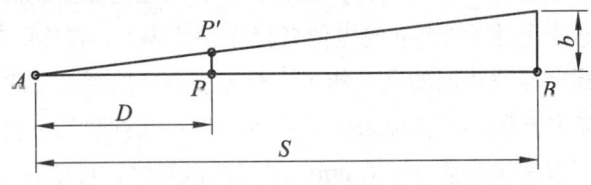

图 3-24　波带板激光准直法计算位移量原理

$$PP' = \frac{b \cdot D}{S} \tag{3-16}$$

3. 真空管激光准直法

大气折光对波带板激光准直的影响也是显著的，是精密波带板激光准直的主要误差来源，而且难以控制，利用真空管道系统降低大气压的方法，能极大地减弱大气折光的影响。

真空管激光准直系统由发射设备、真空管道、测点设备、激光光斑探测设备、端点位移监测设备、抽真空设备及微机控制等部分组成。

真空管道波带板准直系统的优点是精度高、可进行二维精密测量，相对精度达 10^{-7} 以上，能在一些恶劣气候及环境条件中工作，有利于实现自动化。不足之处在于价格昂贵，维修困难。

3.5　全球卫星导航定位系统测量法

全球卫星导航定位系统（GNSS）是采用全球导航卫星无线电导航技术确定时间和空间位置的系统，其利用在空间飞行的卫星不断向地面广播发送某种频率，并加载了某些特殊定位信息的无线电信号来实现定位测量的定位系统。卫星导航定位系统主要包括全球定位系统（GPS）、格洛纳斯全球卫星导航定位系统（GLONASS）、伽利略全球卫星导航定位系统（GALILEO）、北斗卫星导航系统（BDS）等。

BDS 全称为 BeiDou Navigation Satellite System，即北斗卫星导航系统，是中国正在实施的自主发展、独立运行的全球卫星导航定位系统。该系统由空间部分、地面部分和用户部分组成：空间部分由 5 颗静止轨道卫星、27 颗中圆地球轨道卫星和 3 颗倾斜地球同步轨道卫星构成；地面部分由主控站、注入站、监测站等构成；用户部分包括北斗用户终端及其他卫星导航系统兼容的终端。目前高精度大地控制测量主要使用 GPS 系统。

3.5.1　GPS 控制网级别的划分

按照《建筑变形测量规范》（JGJ8—2007）要求，GPS 观测级别只分为三级，按照国家标准《全球定位系统（GPS）测量规范》（GB/T 13814—2009），GPS 测量精度分为 A、B、C、D、E 五级。

（1）A 级 GPS 网由卫星定位连续运行基站构成，用于建立国家一等大地控制网，进行全球性的地球动力学研究、地壳变形测量和卫星精密定轨测量。

（2）B 级 GPS 测量主要用于建立国家二等大地控制网，建立地方或者城市坐标基准框架、区域性的地球动力学研究、地壳变形测量和各种精密工程测量等。

（3）C 级 GPS 测量用于建立三等大地控制网，以及区域、城市及工程测量的基本控制网等。

（4）D 级 GPS 测量用于建立四等大地控制网。

（5）E 级 GPS 测量用于测图、施工等控制测量。

其中，各级控制网的精度见表 3-4，3-5。

表 3-4　GPS A 级网精度

级别	坐标年变化率中误差/(mm/a)		相对精度	地心坐标各分量年平均中误差/mm
	水平分量	垂直分量		
A	2	3	1×10^{-8}	0.5

表 3-5　GPS B、C、D、E 级网精度

级别	相邻点基线分量中误差/mm		相邻点间平均距离/km
	水平分量	垂直分量	
B	5	10	50
C	10	20	20
D	20	40	5
E	20	40	3

3.5.2　基本技术规定

接收机选用要求见表 3-6，各级 GPS 测量基本技术规定应符合表 3-7 要求。

表 3-6　接收机选用

级　别	A	B	C、D
单频/双频	双频/全波长	双频/全波长	双频或单频
观测量至少有	L1、L2 载波相位	L1、L2 载波相位	L1 载波相位
同步观测接收机数	≥4	≥3	≥2

表 3-7　各级 GPS 测量基本技术要求规定

项　目	级别			
	B	C	D	E
卫星截止高度角/(°)	10	15	15	15
同时观测有效卫星数	≥4	≥4	≥4	≥4
有效观测卫星总数	≥20	≥6	≥4	≥4
观测时段数	≥3	≥2	≥1.6	≥1.6
时段长度/min	≥23	≥4	≥60	≥4
采样间隔/s	30	10～30	5～15	5～15

3.5.3 GPS 的观测

1. 天线安置

GPS 接收机在开始观测前,应进行预热和静置,具体要求按接收机操作手册进行。天线安置应符合下列要求:

(1) 用三脚架安置天线时,其对中误差不应大于 1 mm。

(2) B 级 GPS 测量,天线定向标志线应指向正北,顾及当地磁偏角修正后,其定向误差应不大于 ±5°,对于定向标志不明显的接收机天线,可预先设置标记,每次按此标记安置仪器。

(3) 天线集成体上的圆水准气泡必须居中,没有圆水准气泡的天线,可调整天线基座脚螺旋,使在天线互为 120°方向上量取的天线高互差小于 3 mm。

2. 观测作业的要求

(1) 观测组应严格按规定的时间进行作业。

(2) 经检查接收机电源电缆和天线等各项连接无误,方可开机。

(3) 开机后经检验有关指示灯与仪表显示正常后,方可进行自测试并输入测站、观测单元和时段等控制信息。

(4) 接收机启动前与作业过程中,应随时逐项填写测量手簿中的记录项目,测量手簿格式、记录内容及要求见相关内容。

(5) 接收机开始记录数据后,观测员可使用专用功能键和选择菜单,查看测站信息、接收卫星数、卫星号、卫星健康状况、各通道信噪比、相位测量残差、实时定位的结果及其变化、存储介质记录和电源情况等,如发现异常情况或未预料到的情况,应记录在测量手簿的备注栏内,并及时报告作业调度者。

(6) 每时段观测开始及结束前各记录一次观测卫星号、天气状况、实时定位经纬度和大地高、PDOP 值等;一次在时段开始时,一次在时段结束时。时段长度超过 2 h,应每当 UTC 整点时增加观测记录上述内容一次,夜间放宽到 4 h。

(7) 每时段观测前后应各量取天线高一次,两次量高之差不应大于 3 mm,取平均值作为最后天线高。若互差超限,应查明原因。

(8) 除特殊情况外,不宜进行偏心观测。若实施偏心观测时,应测定归心元素。

(9) 观测员要细心操作,观测期间防止接收设备震动,更不得移动,要防止人员和其他物体碰动天线或阻挡信号。

(10) 观测期间,不应在天线附近 50 m 以内使用电台,10 m 以内使用对讲机。

(11) 天气太冷时,接收机应适当保暖;天气很热时,接收机应避免阳光直接照晒,确保接收机正常工作。

(12) 一时段观测过程中不应进行以下操作:

① 接收机重新启动。
② 进行自测试。
③ 改变卫星截止高度角。
④ 改变数据采样间隔。
⑤ 改变天线位置。
⑥ 按动关闭文件和删除文件等功能键。

3. 观测记录

GPS 测量作业所获取的成果记录包括以下三类：

（1）观测数据。
（2）测量手簿。
（3）其他记录，包括偏心观测资料等。

观测记录项目应包括以下主要内容：

（1）观测数据（原始观测数据和 Rinex 格式数据）。
（2）对应观测值的 GPS 时间。
（3）测站和接收机初始信息：测站名、测站号、观测单元号、时段号、近似坐标及高程、天线及接收机型号和编号、天线高与天线高量位置及方式、观测日期、采样间隔、卫星截止高度角。

【思考题】

3-1 前方交会中，对交会角有什么要求，为什么？
3-2 小角法观测中如何提高观测精度？
3-3 全站仪测量的边长要经过哪些改正？
3-4 简述激光经纬仪准直法的操作过程。
3-5 已知 $A(1\,432.566, 4\,488.226)$，$B(1\,946.723, 4\,463.519)$，$C(1\,923.556, 3\,925.008)$，利用全站仪在 O 点设站分别瞄准 A，B，C 三方向进行方向法角度观测，经过平差运算得：$\alpha = 79°25'24''$，$\beta = 216°52'04''$，$\gamma = 63°42'32''$。利用后方交会法求解 O 点坐标。

第 4 章 建筑物的倾斜监测

高层或高耸建筑物，由于基础的不均匀沉降或受风力的影响，其垂直轴线会发生倾斜，当倾斜达到一定程度时会影响建筑物的安全，我们必须对其进行监测。测定建筑物倾斜度随时间变化的工作，称为倾斜监测。

建筑物主体倾斜观测一般是测定建筑物顶部观测点相对于底部固定点或上层相对于下层观测点的倾斜度、倾斜方向及倾斜速率。对于刚性建筑物，可通过测量顶面或基础的沉降差异来间接确定。倾斜度的计算如图 4-1 所示，设 A、B 点在建筑物的同一条铅垂线上，由于基础的不均匀沉降使建筑物发生倾斜，使点 B 位移至 B'，相对于点 A 产生了偏距 e。设建筑物的高度为 h，则建筑物的倾斜度：

$$i = \frac{e}{h} \tag{4-1}$$

对于倾斜度的求法可采用投点法、纵横距投影法、前方交会法等。

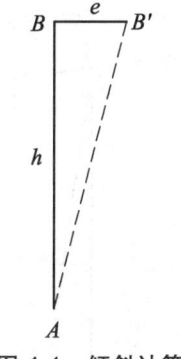

图 4-1 倾斜计算

4.1 经纬仪投影法

经纬仪投影法在实施建筑物倾斜观测的特点是直观性强，操作方便，精度可信的经典方法。

如图 4-2 所示，欲观测某高层建筑的倾斜度，可事先在建筑物基础底部的横梁上布设一观测标志，要求该标志有明显的竖向照准标志线，在距建筑物一定距离处架设精密经纬仪或全站仪并严格整平，对准底部标志线后固定竖轴，利用望远镜向上投影，并在建筑物的顶部横梁上设置一个带有刻度的观测标志，记录此时投影在标志的刻度。也可在同一竖直线上设置若干个带有刻度的观测标志，利用各期观测的各标志的水平位移值及其高度可计算倾斜度。

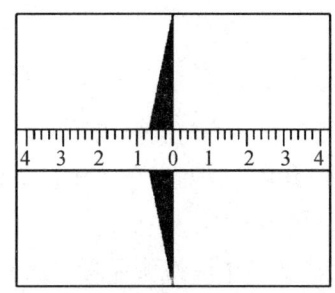

图 4-2 倾斜观测照准标准示意图

另外，也可不用带有刻度的观测标志进行倾斜观测，方法如下（见图 4-3）：

（1）将经纬仪或全站仪安置在固定测站上，该测站到建筑物的距离，为建筑物高度的 1.5 倍以上。瞄准建筑物 I 墙面上部的观测点 M，用盘左、盘右分中投点法，定出下部的观测点 N。用同样的方法，在与 I 墙面垂直的 II 墙面上定出上观测点 P 和下观测点 Q。M、N 和 P、Q 即为所设观测标志。

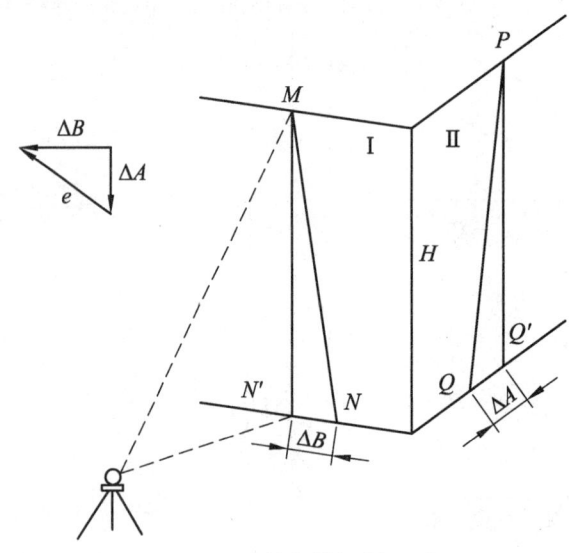

图 4-3 建筑物的倾斜观测

（2）隔一段时间后，在原固定测站上，安置经纬仪，分别瞄准上观测点 M 和 P，用盘左、盘右分中投点法，得到 N' 和 Q'。如果，N 与 N'、Q 与 Q' 不重合，说明建筑物发生了倾斜。

（3）用尺子量出在Ⅰ、Ⅱ墙面两个观测点的偏移值ΔA、ΔB，然后用矢量相加的方法，计算出该建筑物的总偏移值e，即$e = \sqrt{\Delta A^2 + \Delta B^2}$，根据总偏移值$e$和建筑物的高度$H$即可计算出其倾斜度$i$。

4.2 纵横距投影法

一些圆形高耸建筑物，如水塔、烟囱等，可利用纵横距投影法测量其倾斜度。如图4-4所示，在烟囱底部横放一根标尺，在标尺中垂线方向上，安置经纬仪，经纬仪到烟囱的距离为烟囱高度的1.5倍。用望远镜将烟囱顶部边缘两点A、A'及底部边缘两点B、B'分别投到标尺上，得读数为y_1、y_1'及y_2、y_2'。烟囱顶部中心O相对底部中心O'在y方向上的偏移值Δy为：$\Delta y = \dfrac{y_1 + y_1'}{2} - \dfrac{y_2 + y_2'}{2}$。同理，在烟囱底部相垂直的方向再放一把尺子，用同样的方法，可测得在x方向上，顶部中心O的偏移值Δx为：$\Delta x = \dfrac{x_1 + x_1'}{2} - \dfrac{x_2 + x_2'}{2}$。用矢量相加的方法，计算出顶部中心$O$对底部中心$O'$的总偏移值$e$，即：

$$e = \sqrt{\Delta x^2 + \Delta y^2} \tag{4-2}$$

根据总偏移值e和圆形建（构）筑物的高度H即可计算出其倾斜度i。

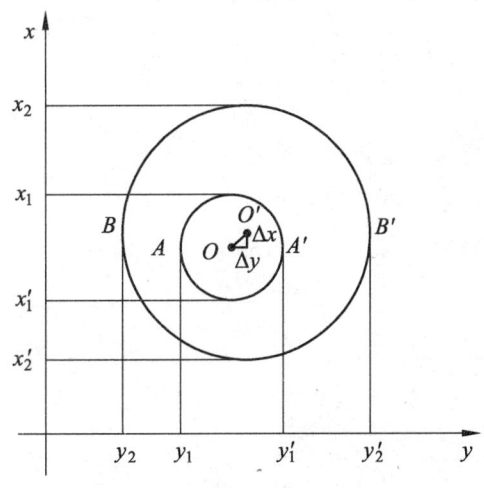

图4-4 纵横距投影法示意图

4.3 角度前方交会法

当要求倾斜度精度较高时，可以采用角度前方交会法测定偏距e。首先在圆形建筑物周围标定两点或三点（三点居多），如坐标未知，可假定一点坐标，一边方位角的方法，利用观测的三角形的内角与边长可求解其他两点的位置。以已知三点为例，将全站仪分别设站于 A,B,C 三点，监测圆形建筑物底部两侧切线与基线的夹角，取其平均值，例如 $\beta_1 = \dfrac{\angle 1 + \angle 2}{2}$，以此方法得到 $\beta_2, \beta_3, \beta_4$。再以同样的方法监测圆形建筑物顶部，其结果为 $\alpha_1, \alpha_2, \alpha_3, \alpha_4$，见图4-5。按角度前方交会的原理，可求得圆形建筑物底部圆心 O 和圆形建筑物顶部圆心 O' 的坐标，计算偏距 e 得：

$$e = \sqrt{(x_{O'} - x_O)^2 + (y_{O'} - y_O)^2} \tag{4-3}$$

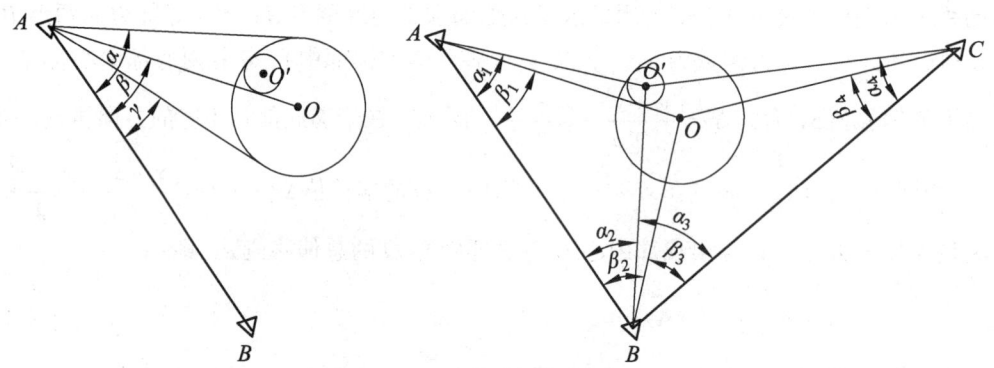

图 4-5　角度前方交会法示意图

【思考题】

4-1　简述建筑物产生倾斜的原因。什么叫倾斜度？

4-2　简述角度前方交会法测量建筑物倾斜的方法。

4-3　如何保证建筑物倾斜监测的精度？

第 5 章 建筑物内部的变形监测

建筑物的内部监测是安全监测的重要内容,其监测项目主要包括:位移监测、应力监测、应变监测、温度检测、渗流监测和挠度监测等。内部监测一般采用传感器等自动化监测技术实施。在大多数大型工程中,内部监测已成为必选项目,其监测资料为工程建筑的安全评判提供了可靠的依据。

5.1 内部位移监测

5.1.1 概 述

内部位移观测包括分层沉降观测、分层水平位移观测和界面位移观测。在土工建筑物的施工控制和变形监测中,一般都需要进行这个项目的监测。

内部位移观测一般以观测断面的形式进行布置,观测断面应布置在最大横断面及其他特征断面上,如地质及地形复杂段、结构及施工薄弱段等。每个观测断面上可布设 1~3 条观测垂线,其中一条宜布置在轴线或中心线附近。观测垂线上测点的间距,应根据建筑物的高度、结构形式、材料特性及施工方法与质量等而定。一条观测垂线上的分层沉降点,一般布设 3~15 个。最下一个测点应置于基础表面,以监测基础的沉降量。

在水工建筑物中,有时还需要进行界面位移观测。界面位移测点通常布设在坝体与岸坡结合处、组合坝型不同的斜交界及土坝与混凝土建筑物连接处,测定界面上两种介质相对的法向及切向位移。

5.1.2 测斜仪及其应用

测斜仪是观测分层水平位移的常用仪器。测斜仪一般由测头、导向滚轮、连接电缆及测量设备等构件组成,见图 5-1。其工作原理是利用重力摆锤始终保持铅直方向的特性。弹簧铜片上端固定,下端靠着摆线;当测斜仪倾斜时摆线在摆锤的重力作用下保持铅直，压迫簧片下端，使簧片发生弯曲，粘贴在簧片上的电阻应变片测出簧片的弯曲变形，即可知道测斜仪的倾角，从而计算出测斜管的位移。其原理如图 5-2 所示。

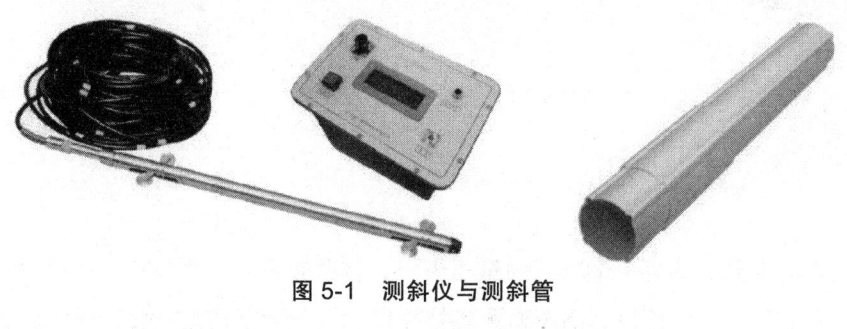

图 5-1　测斜仪与测斜管

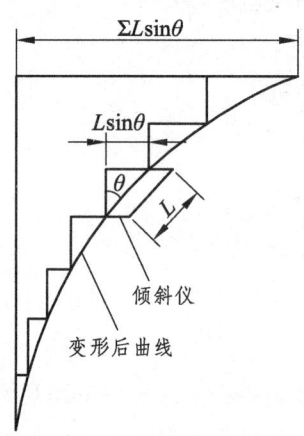

图 5-2　测斜仪原理示意图

当测斜管埋设得足够深时，可认为管底是固定的，管口的水平位移为各分段位移量的总和，即：

$$\varDelta_n = \sum_{i=1}^{n} L_i \sin\theta \tag{5-1}$$

测斜仪的使用方法：

（1）测斜仪在使用前需按规定进行严格标定。

（2）测斜管用钢材、铝合金和塑料制作，每节长度 2～4 m，管接头有固定式和伸缩式两种，管内壁设有两对相互垂直的纵向导槽。

（3）测斜管宜埋设在钻孔中，也可以直接浇筑在挡土结构内（此前测斜管应与钢筋笼扎牢），管底埋设在足够深度内，避免发生位移。

（4）测量时，将倾斜仪与标有刻度（500 mm 一个标记）的电缆线（信号传输线）连接，电缆线的另一端与测读设备连接；然后将测斜仪沿测斜管的导槽放入管中，滑到管底，每隔一定距离（500 mm 或 1 000 mm）向上拉线读数，测出测斜仪与竖直线之间的倾角变化，即可得到不同深度部位的水平位移。

5.1.3 分层沉降观测

分层沉降观测是针对不同深度、不同层位的土体进行沉降观测，主要是掌握地基土有效压缩层范围内各层土的变形特征。分层沉降测量采用分层沉降仪。分层沉降仪一般由磁铁环、保护管、探测头、指示器等组成，见图5-3。

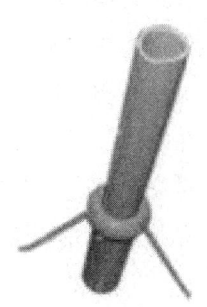

图 5-3 沉降仪

分层沉降仪工作原理如下，分层沉降仪所用传感器是根据电磁感应原理设计，将磁感应沉降环预先通过钻孔的方式埋入地下待测各点位，当传感器通过磁感应沉降环时，产生电磁感应信号送至地表仪器显示，同时发出声光警报，读取孔口标记点的对应钢尺的刻度值即为沉降环的深度。每次测量值与前次测量值相减即为该测点的沉降量。

分层沉降仪的安装，需预先在土里钻孔，埋入沉降管，将磁铁环沿沉降管埋入预设深度，而后在钻孔和沉降管之间注入膨润土、细砂、水泥等，以便将沉降管与孔壁之间的空隙填实。测量时，把测头放入导管内，手拿钢尺电缆，让测头缓慢地向下移动，当测头接触到土层中的磁环时，接收系统发出连续不断的蜂鸣叫声，此时读写出钢尺电缆在管口处的深度尺寸，这样一点一点地测量到孔底，称为进程测读，用字母 J_i 表示。当在该导管内收回测量电缆时，也能通过土层中的磁环，接受到系统的音响仪器发出的音响，此时读出测量电缆在管口处的深度尺寸，称为回程测读，用字母 H_i 表示。该孔各磁环在土层中的实际深度用字母 S_i 表示，其计算公式为：

$$S_i = (J_i + H_i)/2 \tag{5-2}$$

式中 i——孔中测读的点的序号，即土层中磁环的序号；

S_i——i 测点距管口的实际深度；

J_i——i 测点在进程测读时距管口的深度；

H_i——i 测点在回程测读时距管口的深度。

5.2 应力及应变监测

应力是指在所考察的截面某一点单位面积上的内力,是反应物体一点处受力程度的力学量,同截面垂直的称为正应力或法向应力,同截面相切的称为剪应力或切应力。物体由于外因(受力、温度变化等)而变形时,在物体内各部分之间产生相互作用的内力,以抵抗这种外因的作用,并力图使物体从变形后的位置恢复到变形前的位置。对于某种材料,应力的增加是有限度的,超过这一限度,材料就要被破坏。对某种材料来说,应力可以达到的限度称为该种材料的极限应力,超过这个极限应力,材料就会发生破坏,因而,必须对建筑物及构筑物所受到的应力予以监测。

在有应力存在的情况下,建筑物及构筑物便会发生应变,应变是度量物体变形程度的量。对于研究对象在存在应力的情形下会发生的应变,应力与应变之间有一定联系,我们可以通过应变-应力关系在知道两者之一的情形下求得另一方。

5.2.1 应变或应力的测试方法

1. 电阻式测量

电阻式测量主要利用电阻应变效应,电阻式测量应变原理可用公式(5-3)表示,其中 R 为长为 L 的丝材的初始电阻,ΔR 为丝材伸长 ΔL 后电阻的变化,K_0 为金属丝材的灵敏系数,ε 为应变量。测试被测物体的应变时,可将丝材粘贴在零件被测点的表面,当零件在载荷作用下产生应变时,丝材发生变形而相应的阻值也发生变化,即可以计算被测点的应变,据应变-应力关系进而也可确定构件表面应力状态。应变片就是这种方法典型的应用。

$$\frac{\Delta R}{R} = K_0 \varepsilon \tag{5-3}$$

2. 振弦传感器测量

振弦式传感器是目前国内外普遍重视和广泛应用的一种非电量电测的传感器(图5-4)。振弦传感器直接输出振弦的自振频率信号,通过频率的改变来反映被测构件的应力大小。振弦式传感器一般由外壳(或膜片)、钢弦、紧固夹头、激振和接收线圈等组成。振弦式传感器的原理可用公式(5-4)表示,其中,f 为钢弦频率,σ 为钢弦所受应力,ρ 为钢弦密度,l 为钢弦有效长度。根据公式(5-4)不难发现钢弦自振频率与张紧力的大小有关,在振弦几何尺寸确定之后,振弦振动频率的变化量,即可表征受力的大小。振弦传感器具有抗干扰能力强、受电参数影响小、零点飘移小、受温度影响小、性能稳定可靠、使用寿命长等特点。

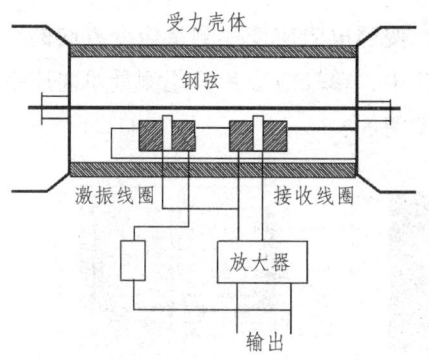

图 5-4 振弦式传感器

$$f = \frac{1}{2l}\sqrt{\frac{\sigma}{\rho}} \tag{5-4}$$

3. 光纤光栅法测量

电阻式应变片测量电阻的变化从而计算应变的值，光纤光栅法是测量光纤的反射光波长的变化而得到光纤的应变值（光纤上有许多光栅，光纤有了应变自然光栅距发生变化，反射光波长也就发生变化）。通过光纤光栅解调仪监测光栅反射光的波长，并通过相应的程序对测试数据进行计算、分析和处理，就能获得光纤光栅传感器处的应变值。光纤光栅法具有较好的应用特性。首先，光纤光栅传感器以光纤作为信号载体，传感器体积小、重量轻，容易满足被测结构件对狭小空间的安装需求，在使用传感器密集的地方，从尺寸和重量上进行比较，几乎没有其他传感器可以与光纤光栅传感器进行媲美；其次，属于光学测量方法，抗电磁干扰，适合用于长距离信号传输；第三，光学信号入射和反射线的输入输出回路仅为一根光纤，能够极大地简化测试系统结构；第四，一根光纤上可以连续制作几十个传感器（被测对象变形越小，可以连续制作的传感器也越多），便于构成分布式传感系统。

4. 光弹性测量

光弹性法是利用光学原理进行应力应变测量的一种方法。在偏振光场中，各向同性的光弹性模型在载荷作用下会产生暂时双折射效应，其主折射率和主应力有关，主折射率可由相应的光程差来确定，因此可由光程差来确定主应力。此种方法由于烦琐，实际操作较少使用。

5.2.2 应变、应力测量仪器

1. 应变测量仪器

（1）应变片

目前，常用的应变片为金属电阻应变片，其有丝式和箔式两种，金属丝式电阻片出现得较早，仍在广泛使用。按照电阻应变片测量应变方向的个数可分为单轴应变片、双轴应变片及三轴应变片。其中，单轴应变片只能测量单向应变，双轴应变片及三轴应变片可测量平面应变状态（见图5-5）。

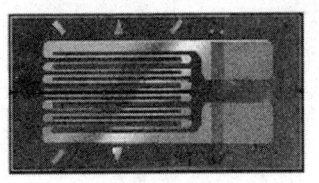 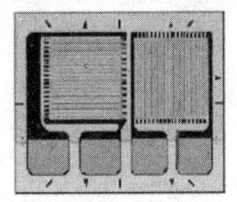 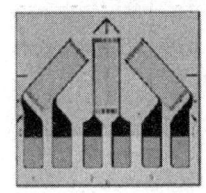

（a）单轴应变计　　　　（b）双轴应变计90°应变花　　（c）三轴应变计45°应变花

图 5-5　应变片示意图

（2）应变计

测量物体应变除了应变贴片外，还有各种类型的应变计。图5-6为较为常见的应变计，主要用于物体表面应变的测量，常用于水工结构物或钢结构物的表面。为了测量三向或多向应变，在此基础上研发了应变计组（图5-7），例如，为了研究混凝土各方向的应变量，可以采用应变计组，埋设应变计组时，先将支座固定于埋设仪器处的预埋钢筋上，然后插上支杆并准确校正支杆方向，再将应变计装于支杆上。应变计组周围填筑混凝土时，要剔除大骨料，保证观测精度。无应力计（图5-8）用来测量结构物内部混凝土自身体积变化的应变量，即除外力以外的由于混凝土物理、化学因素及温度、湿度变化引起的变形，也就是自由体积变形。无应力计一般由应变计和无应力桶组成。无应力桶是用薄铁皮制作的双层有底无盖的圆形桶或锥形桶，该桶用来隔离应变计所在的混凝土不受由外荷载引起的应变影响。埋设无应力计时，先用细铁丝将应变计固定在无应力计内筒的中心位置上，将没有大骨料的混凝土填充到内筒内，使混凝土均匀地分布在应变计周围，然后捣实，最后用螺栓把桶盖密封埋入混凝土中。

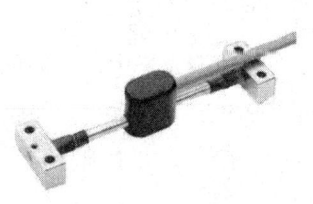 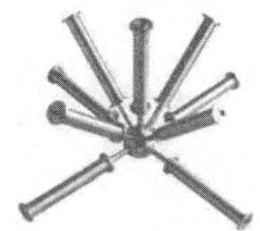 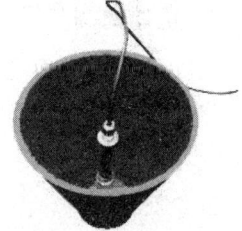

图 5-6　应变计示意图　　　　图 5-7　应变计组　　　　图 5-8　无应力计

2. 应力测量仪器

（1）钢筋应力计

钢筋应力计主要应用于公路、铁路、桥梁、大坝等工程领域，利用钢筋应力计可充分了解混凝土钢筋构件的受力状态。如图5-9所示。

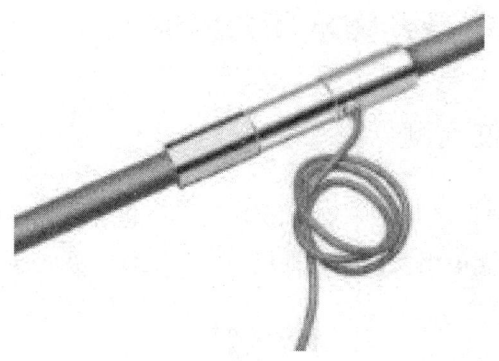

图 5-9 钢筋应力计

（2）锚杆轴力计

锚杆轴力计主要应用于隧道、基坑等工程领域，通过轴力测量，可掌握锚杆的受力状态、变化过程与趋势及锚固效果。如图 5-10 所示。

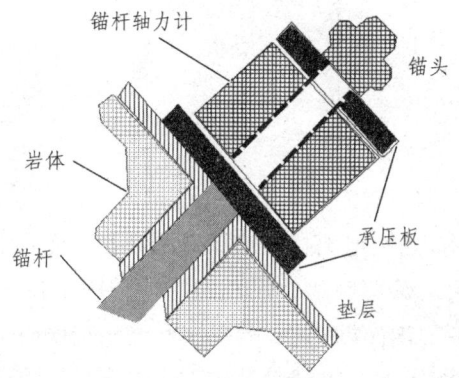

图 5-10 锚杆轴力计

（3）压力盒

压力盒主要应用于建筑、铁路、交通、水电、大坝、隧道等工程领域，进行介质内应力测量，以及围岩与支护结构之间、喷射混凝土与现浇混凝土之间接触应力测量，可掌握被测点的压力状态。如图 5-11 所示。

图 5-11 压力盒

5.3 地下水位及孔隙水压力监测

5.3.1 地下水位观测

地下水位观测是水利、采矿、能源、交通及高层建筑等工程中进行安全监测的主要项目之一。在静水位监测中水位计是较理想的监测工具，见图 5-12。

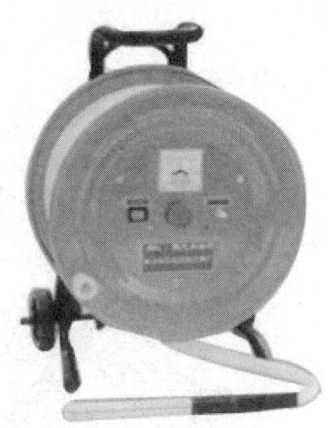

图 5-12　水位计

水位计的使用如下，首先在地面打一定深度的钻孔，埋入水位管成为观测井，水位计使用一个水位探头与聚乙烯覆膜的钢尺相连，尺子固定在一个平衡性能很好的卷筒上，探头的两电极之间有一个绝缘间隙，当探头和静水接触时电路闭合，将信号送回到卷筒触发音响和指示灯。这时可在井或钻孔顶部，直接从尺上读数确定水位，其最小读数为 1 mm。目前水位计有压力式水位计、投入式水位计、压阻式水位计等。

5.3.2 孔隙水压力监测

土体的变形和强度的变化只随外界有效应力而变化，而这一有效应力一般不能直接测定或直接计算，而是通过有效力原理，利用可以测定或可以计算的孔隙水压力来确定。因此，研究应力作用下的孔隙水压力的目的主要是进一步确定土中有效应力，以便研究土的压缩变形和抗剪强度。

对于孔隙水的压力采用孔隙水压力计来进行测量。国内外所使用的孔隙水压力计的种类较多，有振弦式、电阻片式、差动式、双管液压式、电感调频式及水管式等。其中，各种类型的水压力计计算公式如下。

（1）振弦式孔隙水压力计：

$$u = k_f(f_0^2 - f^2) \tag{5-5}$$

式中 k_f——振弦式孔隙水压力计灵敏度（kPa·Hz^{-2}）；
  f_0——振弦式孔隙水压力计在零压时的频率（Hz）；
  f——振弦式孔隙水压力计量测时的频率（Hz）。

（2）电阻式孔隙水压力计：

$$u = k_\varepsilon(\varepsilon_i - \varepsilon_0) \tag{5-6}$$

式中 k_ε——电阻式孔隙水压力计灵敏度（kPa/με）；
  ε_i——电阻式孔隙水压力计的测读值（με）；
  ε_0——电阻式孔隙水压力计受压前初读数（με）。

（3）差动变压式孔隙水压力计：

$$u = k_A(A - A_0) \tag{5-7}$$

式中 k_A——差动变压式孔隙水压力计率动系数（kPa/V）；
  A——差动变压式孔隙水压力计测定值（V）；
  A_0——差动变压式孔隙水压力计初始值（V）。

（4）液压式孔隙水压力计：

$$u = P + \gamma_w h \tag{5-8}$$

式中 P——压力表读数（kPa）；
  γ_w——水的重度（kN/m^3）；
  h——孔隙水压力计至压力表基准面的高度（m）。

现以振弦式孔隙水压力计为例，其构造和工作原理与压力计相似，只是里面多了一块透水石，土体中的土压力和孔隙水压力作用于接触面上，经过透水石后，只有孔隙水压力作用在变形膜上，膜片的变形传递给钢弦，引起钢弦张力的变化，根据钢弦频率的变化可测得孔隙水的应力值。如图5-13。

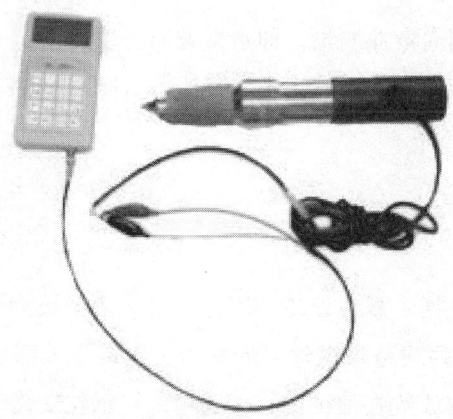

图 5-13 振弦式孔隙水压力计

孔隙水压力计可量测土体中任意位置的孔隙水压力，在基坑监测等众多领域被广泛使用。

振弦式孔隙水压力计使用方法如下：

（1）钻孔。尽量采用干钻，严禁泥浆固壁。如有塌孔、缩孔现象，必须采用套管。

（2）使用孔隙水压力计前，须将其端部的透水石取出，用水浸泡24 h以上或用开水煮沸（1~2 h）以排除其中的空气。孔隙水压力计端部空腔内要注满清水，并在清水中装上透水石，埋设前整个仪器一直浸没在清水中。为了保证孔隙水压力计进水口畅通，埋设时进水口或整个仪器要用清洗干净且以水饱和的中砂、细砂以钢丝网包裹。埋设时应避免孔隙水压力计空腔内预先注入的清水流出而影响测值的可靠性。

5.4 挠度监测

挠度指建、构筑物或构件在水平方向或竖直方向上的弯曲值。如桥梁中部产生弯曲，高层建筑物、大型坝体等产生侧向弯曲，如变形值过大，将产生危害，因此，对建筑物挠度的观测是监测项目之一。

对于竖向方向的挠度监测一般采用几何水准测量法、全站仪三角高程法等，这些方法我们在测量学中都已涉及，不再赘述。另外，百分表测量法、连通管测量法、倾角仪法也都可以进行挠度测量。图5-14为桥梁挠度监测。

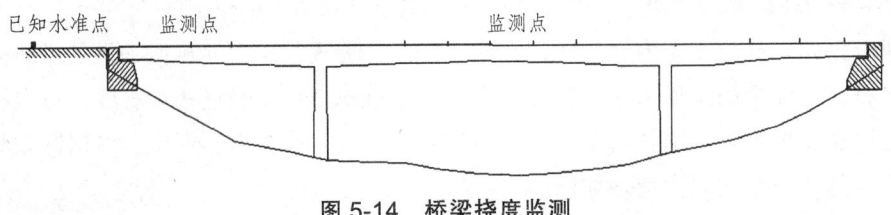

图 5-14 桥梁挠度监测

对于高大建筑物的侧向弯曲测量，即水平方向挠度测量，一般采用正垂线和倒垂线两种。正垂线用于建筑物各高程面的水平位移监测、倾斜量监测等，倒垂线常用于岩层错动、坝体监测等。

5.4.1 正垂线

正垂线装置的部件包括：悬线设备、固定线夹、活动线夹、观测墩、垂线（不锈钢丝）、重锤及油箱等。正垂线是将钢丝上端悬挂于建筑物顶部，通过竖井至建筑物的底部，在下端悬挂重锤，并放置在油桶中，使其稳定。钢丝始终处于铅直状态，作为测量的基准线。其工作原理如图5-15。

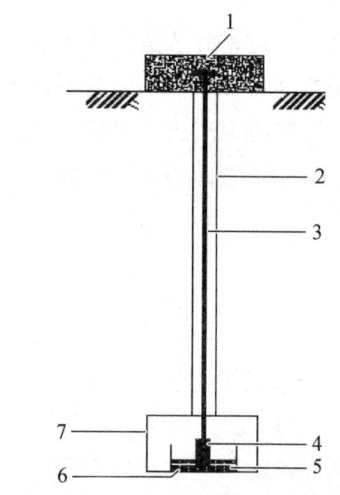

1—垂线固定块；2—保护井；3—垂线钢丝；
4—重锤；5—油槽；6—油；7—保护箱。

图 5-15　正垂线工作原理图

在变形监测中，正垂线可设置保护管，以保护垂线不受损坏，也可防止外界风力的影响，提高观测精度。正垂线测量建筑物上各监测点相对于顶部悬挂点的相对位移。对于挠度量值的测定有两种方法，即多点观测法和多点夹线法。

1. 多点观测法

如图 5-16 所示，钢丝垂线自建筑物（如坝体）顶端附近垂下，在重锤的作用下保持不动，在各观测点上安置垂线观测仪进行观测，测定各观测点与此垂线的相对位移。由于这种方法的优点是下垂钢丝不动，但必须在每个测站设置仪器，所以观测系统造价较高。

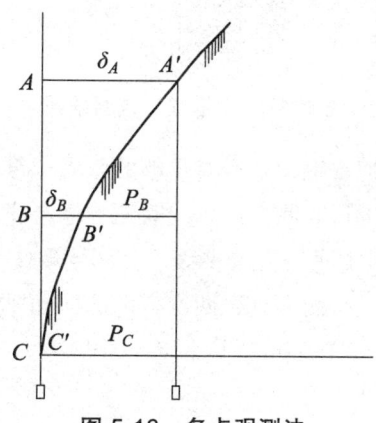

图 5-16　多点观测法

2. 多点夹线法

多点夹线法是将垂线坐标仪设置在垂线底部的观测墩上，而在各测点处埋设活动线夹，测量时，可自上而下依次在各测点上用活动线夹夹住垂线，同时在观测墩上用垂线坐标仪读取各测点对应的垂线读数。这种方法适用于各观测点位移变化不大的情况。多点夹线法仅需一台坐标仪且不需搬动仪器，但由于观测点上均需多次夹住垂线，垂线易受损，在实际操作时，多点夹线法需要人工进行夹线，效率较低。在观测中一般是自上而下逐点观测为第一测回，再自下而上观测为第二测回。每测回读数两次。两次读数差小于 0.1 mm，测回差小于 0.15 mm。

5.4.2 倒垂线

倒垂线装置的主要部件包括孔底锚块、不锈钢丝、浮托设备、孔壁沉管和观测墩等，见图 5-17。倒垂线是将钢丝的一端与锚块固定，另一端与浮托设备相连，在浮力作用下，钢丝被拉紧，只要底端稳定不动，钢丝始终处于铅直状态，从而为变形测量提供一条基准线。由于底端固定钢丝一般到达基岩位置，而上端利用浮力连接，因此，该基准线可认为固定不动，监测的各监测点位移可认为是绝对位移。

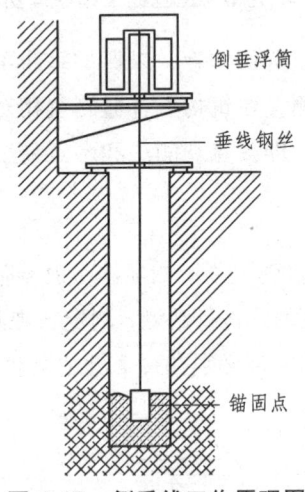

图 5-17 倒垂线工作原理图

倒垂线观测前，应首先检查钢丝是否有足够的张力，浮拖有无与浮桶壁相接触。待钢丝静止后，用垂线坐标仪进行观测。倒垂线观测顺序与正垂线大体相同，观测时，将垂线坐标仪安放底座上，置中调平，照准测线，分别读取 x、y 轴方向读数两次，取平均值。每测点精确观测两测回，每测回读数两次，两测回间重新安置仪器，读数限差与测回限差一般控制在 0.1 mm 与 0.15 mm 以内。

【思考题】

5-1 简述水位计观测水位的方法。

5-2 简述正垂线与倒垂线测量挠度的方法。

5-3 简述倾斜仪的工作原理。

第 6 章 MATLAB 基础知识

6.1 MATLAB 简介

MATLAB 是 Matrix Laboratory 的缩写，即矩阵实验室，是一款由美国 MathWorks 公司出品的商业数学软件。MATLAB 是一种用于算法开发、数据可视化、数据分析以及数值计算的高级语言和交互式环境。MATLAB 和 Mathematica、Maple 并称为三大数学软件，它在数值计算方面以功能强大著称。MATLAB 可以进行矩阵运算、绘制函数、实现算法、创建用户界面、连接其他编程语言的程序等，主要应用于工程计算、控制设计、信号处理与通信、图像处理、信号检测、金融建模设计与分析等领域。MATLAB 是一个交互式系统，它的基本运算单元是不需指定维数的矩阵，按照 IEEE 的数值计算标准（能正确处理无穷数 Inf，无定义数 NaN 及其计算），系统提供了大量的矩阵及其他运算函数，可以方便进行一些很复杂的计算。

MATLAB 的典型应用包括以下几方面：

（1）数学和计算算数发展模型。

（2）模拟仿真和原型。

（3）数据分析、开发和可视化。

（4）科学和工程图学。

（5）应用发展包括图形用户界面设计。

MATLAB 系统主要由以下几个部分构成：

（1）MATLAB 编程语言。包括矩阵描述方法、控制流动陈述、函数等，主要特点是面向目标的编程（OOP）。

（2）MATLAB 工作环境。MATLAB 工作平台为用户进行各种运算提供了简洁方便的环境。

（3）MATLAB 绘图系统。用户通过 MATLAB 可以绘制二维、三维等图形，还可以进行图像处理、动画片制作等。另外，MATLAB 允许用户自己建造完整的图形用户界面（GUIS）。

（4）MATLAB 的函数库。MATLAB 数学函数库包括了大量的计算算法。从基本算法如加法、正弦，到复杂算法如矩阵求逆、快速傅里叶变换等。

（5）应用程序接口（API）。MATLAB 允许用户通过应用程序接口，编写 C、Fortron 语言与 MATLAB 的交互程序。

MATLAB 强大的数值计算功能是其显著特点之一，为了满足观测数据处理的需要而又不使本书内容冗余，我们着重探讨其中的向量、矩阵、数组等方面的知识，在图形的绘制一节中讲解二维图形、三维图形的操作，这些内容对于没有接触 MATLAB 软件的读者可以作一些知识的补充，以便对数据处理一节能够更好地理解和掌握。如果读者想了解更多的有关 MATLAB 的知识，可查阅相关书籍。

6.2 MATLAB 数值运算

MATLAB 强大的计算功能是其基础，本节将从向量、矩阵、数组等方面探讨 MATLAB 的数值运算。

6.2.1 基本算数运算

MATLAB 软件是以矩阵为基本运算单元的，MATLAB 软件中的简单数字运算，可以直接在命令窗口按照数学运算习惯进行输入，例如，5 和 6 乘积加 2，可以在命令窗口直接输入：

\>> 5*6+2

ans =

  32

这里"ans"是 answer 的缩写，计算结果没有赋给变量时，默认在结果前显示"ans ="。当然也可以写为：

\>> a = 5*6+2

a =

  32

1. 基本算数运算符

Matlab 中的基本算术运算符：

（1）四则运算："+"、"-"、"*"、"/"

（2）幂："^"

（3）开方："sqrt"

按优先级由高到低为："^"、"sqrt"最高，"*"、"/"次之，"+"、"-"最低。

2. Matlab中常用的数学函数

（1）abs(x)：求x的绝对值，即|x|。

（2）sign(x)：求x的符号，如果是正则结果为1，负则结果为－1，x＝0则结果为0。

（3）sqrt(x)：求x的平方根，即$\sqrt{x}$。

（4）pow2(x)：求2的幂。

（5）exp(x)：求x的指数函数，即e^x。

（6）log(x)：求x的自然对数，即lnx。

（7）log10(x)：求x以10为底的对数，即$\log_{10}x$。

（8）log2(x)：求x以2为底的对数，即$\log_2 x$。

（9）sin(x)：求正弦x，x为弧度。

（10）cos(x)：求余弦x，x为弧度。

（11）tan(x)：求正切x，x为弧度。

（12）cot(x)：求余切x，x为弧度。

（13）asin(x)：求反正弦，即arcsin(x)。

（14）acos(x)：求反余弦，即arccos(x)。

（15）atan(x)：求反正切，即arctan(x)。

（16）acot(x)：求反余切，即arccot(x)。

（17）mod(x，n)：除法（模运算）之后的余数。

3. 取整相关的函数

（1）round(x)：求最接近x的整数，且四舍五入，round(0.5) = 1。如果x是一个向量，则适用于所有元素。

（2）floor(x)：求小于或等于x且最接近x的整数。

（3）ceil(x)：求大于或等于x且最接近x的整数。

（4）rem(x, y)：求整除x/y的余数，如rem(13, 5) = 3。

（5）gcd(x, y)：求整数x和y的最大公因子。

（6）[c, a, b] = gcd(x, y)：求a, b, c, 使得c = ax+dy。

（7）lcm(x, y)：求正整数x和y的最小公倍数。

（8）rat(x)：求x的连续的分数表达式，例如rat(0.33) = 0+1/(3+1/33)。

（9）rat(x, err)：求带有相对误差err的x的连续的分数表达式。

4. 复数相关的函数

（1）real(z)：求z的实部，例如real(3+5i) = 3。

（2）imag(z)：求 z 的虚部，例如 imag(3+5i) = 5。

（3）abs(z)：求 z 的绝对值，例如 abs(3+4i) = 5。

（4）conj(z)：求 z 的复数共轭，例如 conj(3+4i) = 3-4i。

（5）angle(z)：求 z 的相角，即 $z = x+iy = re^{i\theta}$ 中的 θ。

5. 矩阵变换函数

（1）fiplr(z)：矩阵左右翻转。

（2）fipud(z)：矩阵上下翻转。

（3）fipdim(z)：矩阵特定维翻转。

（4）rot90(z)：矩阵反时针 90°翻转。

（5）diag(z)：产生或提取对角阵。

（6）tril(z)：产生下三角矩阵。

（7）triu(z)：产生上三角矩阵。

6. 其他函数

（1）clear：清空变量。

（2）clc：清屏。

（3）help functionName：查看函数说明。

（4）min：求最小值。

（5）max：求最大值。

（6）mean：求平均值。

（7）median：求中位数。

（8）std：求标准差。

（9）diff：求相邻元素的差。

（10）sort：对元素排序。

（11）length：求数组长度（即行数或列数中的较大值）。

（12）norm：计算欧式长度。

（13）sum(z, n)：n = 1，对矩阵 z 每列求和；n = 2，对矩阵 z 每行求和。

（14）prod(z)：求向量或矩阵元素的乘积。

（15）dot(A, B)：计算向量 A，B 的内积。

6.2.2 矩阵及其运算

Matlab 的强大功能之一体现在它能直接处理矩阵，对于向量，它是特殊的矩阵，因此实用于矩阵的运算都适用于向量，本节介绍一些关于矩阵的运算。

1. 矩阵的生成

1）直接输入

矩阵的生成可以直接按行方式输入每个元素，在创建矩阵时，应注意以下几点：

（1）输入矩阵时要以"[ ]"为其标识符，矩阵的所有元素必须都在括号内。

（2）矩阵同行元素之间用空格或逗号分隔，行与行之间用分号或回车键分隔。

（3）矩阵大小不需要预先定义。

（4）矩阵元素可以是预算表达式。

（5）若"[ ]"中无元素，则表示空矩阵。

例：

\>\> A = [1 2 3; 4 5 6; 7 8 9]

A =

    1   2   3

    4   5   6

    7   8   9

另外，这里还要说明一点的是，在 Matlab 语言中冒号的作用是最为丰富的，其中，通过使用冒号，可以截取矩阵的部分元素组成新的矩阵。例如，截取 A 矩阵的 1 到 2 行且 2 到 3 列的元素组成新的矩阵 B，操作如下：

\>\> B = A(1:2, 2:3)

B =

    2   3

    5   6

截取 A 矩阵的 1 到 2 行的所有元素组成矩阵 C：

\>\> C = A(1:2,:)

C =

    1   2   3

    4   5   6

2）外部文件读入法

可以利用 load 函数调用文件来生成矩阵，格式为：load+'文件名+[参数]'

load 函数将会从文件名所指的文件中读取数据，并将输入的数据赋给文件名命名的变量。例：E 盘的文本文件为 w.txt，在 Matlab 命令窗口中输入 load 'E:\w.txt'，则文本文件内容形成矩阵 w。这里外部文件格式可以是*.txt、*.dat、*.mat 等。另外，还可以利用 Matlab 的导入数据功能"Import Data"来形成矩阵。

2. 矩阵的基本数学运算

1）四则运算

矩阵的加、减、乘运算符与数字的运算符相同，分别为"+"、"-"、"*"。在除法的运算中提供了两种除法运算：左除（\）和右除（/）。例如方程 A*X = B 的解为 X = A\B，而 X*A = B 的解为 X = B/A。

例：A = [1 1; 2 2]，B = [2 2; 4 4]

则：>> A+B

ans =

  3 3
  6 6

>> A-B

ans =

  -1 -1
  -2 -2

>> A*B

ans =

  6 6
  12 12

2）常数与矩阵的运算

常数与矩阵的运算即常数与该矩阵的每一元素进行运算。

例：>> A*3

ans =

  3 3
  6 6

3）矩阵的乘方运算

矩阵的乘方运算符为"^"，对于矩阵 A 的 n 次方运算，即 A^n，表示 A 自乘 n 次。

例：A^3

ans =

  9 9
  18 18

3. 矩阵的基本函数运算

1）矩阵的行列式

函数：det(A)

例：A = [1 4 4; 2 2 2; 3 1 3]

>> det(A)

ans =

  -12

2）矩阵的特征值

函数：eig(A)

例：>> eig(A)

ans =

  7.2840

 -2.0771

  0.7931

3）矩阵的转置

运算符：'

例：A'

ans =

  1 2 3
  4 2 1
  4 2 3

4）矩阵的逆

函数：inv(A)

例：>>inv(A)

ans =

 -0.3333 0.6667   0
    0 0.7500 -0.5000
  0.3333 -0.9167 0.5000

4. 特殊矩阵

1）单位矩阵

函数：eye(n)

例：>> eye(3)

ans =

1	0	0
0	1	0
0	0	1

2）随机矩阵

函数：rand(n)，产生(0, 1)之间均匀分布的随机数组成的矩阵

例：>>rand(3)

ans =

0.8147	0.9134	0.2785
0.9058	0.6324	0.5469
0.1270	0.0975	0.9575

3）全 1 阵

函数：ones(m, n)，生成 m 行、n 列 1 矩阵。

例：>> ones(3, 4)

ans =

1	1	1	1
1	1	1	1
1	1	1	1

6.2.3 向量及其运算

从本质上说向量就是特殊的矩阵，因而矩阵的运算都适用于向量。这里提到一点，对于向量的生成，除了类似矩阵的生成外，还可以利用冒号表达式来生成，即：x = x0:setp:xn。这里 x0、setp、xn 分别为首项、步长和末项。

例如：

>> x = 1:2:9

x =

| 1 | 3 | 5 | 7 | 9 |

6.2.4 数组及其运算

在 Matlab 中数据结构只有矩阵（array）一种形式，对于一维数组、二维数组在本质上与矩阵没有任何区别，都是以矩阵的形式保存的。在进行工程计算时常常遇到矩阵元素之间的运算，为了与矩阵作以区别，我们称为数组运算。

1. 数组的基本运算

数组的加、减运算与矩阵的加、减运算相同。但在乘、除运算中有所区别。数组的乘除法是指两同维数组对应元素之间的乘除运算。在除法运算中 A./B 是数组 A 的元素除以数组 B 的元素，而 A.\B 是数组 B 的元素除以数组 A 的元素。乘法".*"和乘方".^"运算是数组对应元素的乘法和乘方运算。当然，数组还可以对本身的元素进行指数运算（exp）、对数运算（log）、开方运算（sqrt）等。

例：A = [1 4 4; 2 2 2; 3 1 3]；B = [1 1 1; 2 2 2; 3 3 3]

\>\> A./B

ans =

    1.0000   4.0000   4.0000
    1.0000   1.0000   1.0000
    1.0000   0.3333   1.0000

\>\> A.\B

ans =

    1.0000   0.2500   0.2500
    1.0000   1.0000   1.0000
    1.0000   3.0000   1.0000

\>\> A.*2

ans =

    2   8   8
    4   4   4
    6   2   6

\>\> A.^2

ans =

    1   16   16
    4   4   4
    9   1   9

\>\> exp(A)

ans =

    2.7183   54.5982   54.5982
    7.3891   7.3891   7.3891
    20.855   2.7183   20.0855

2. 数组的函数运算

cat：串接函数，把相同大小的若干数组，沿指定维的方向，连接在一起。
flipdim：翻转函数，按特定轴翻转。
Permute：重组函数，按照指定次序，对任意维数组进行重组。

3. 数组的逻辑运算

见表 6-1。

表 6-1 逻辑运算符

运算符	功　能	函　数
==	等于	eq
~=	不等于	ne
>	大于	gt
>=	大于或等于	ge
<	小于	lt
<=	小于或等于	le
&	逻辑与	and
|	逻辑或	or
~	逻辑非	not

6.3 MATLAB 图形绘制

MATLAB 是一个功能强大的工具软件，具有很强的图形处理功能，提供了大量的二维、三维图形函数。由于系统采用面向对象的技术和丰富的矩阵运算，所以在图形处理方面既方便又高效。

6.3.1 二维绘图命令

1. plot 命令

在二维绘图函数中，最为重要的函数是 plot 函数，通过输入不同的参量，该函数可以实现不同的绘图功能。其主要格式有 3 种。

1）plot（x）

参量 x 可以是向量或矩阵。若 x 为向量，则绘制出一个 x 元素和排列序号之间的线性坐标图。若 x 为矩阵，则绘制出 x 的列向量相对于行号的一组二维图形。

【例 6-1】 向量绘图。

\>\>x = [1 9 5 7 11]

\>\>plot(x)

程序运行如图 6-1。

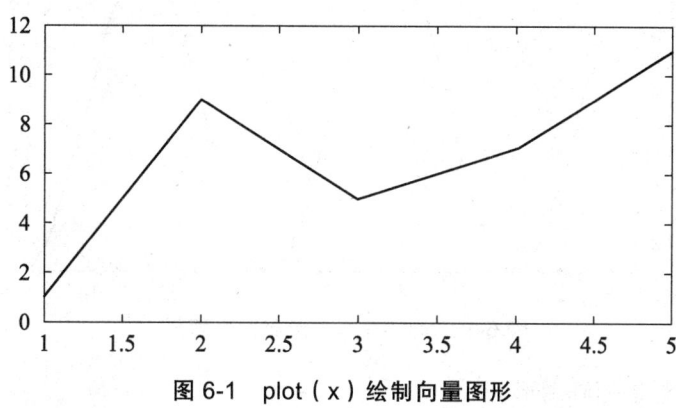

图 6-1　plot（x）绘制向量图形

【例 6-2】 矩阵绘图。

\>\> x = [1 5 9;1 7 1]

\>\> plot(x)

程序运行如图 6-2。

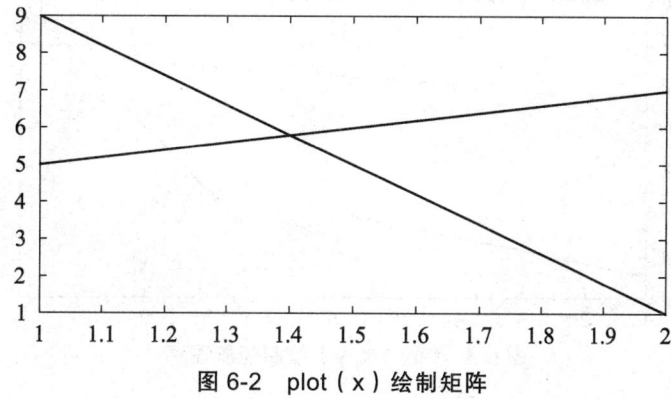

图 6-2　plot（x）绘制矩阵

2）plot（x, y）

参量 x、y 可以为向量或矩阵。当 x、y 均为向量时，要求 x、y 为同长度向量，其绘制的图形以 x 为横坐标、y 为纵坐标。当 x、y 均为矩阵时，则绘制出 y 列向量相对于 x 的列向量之间的一组二维图形。

【例 6-3】 绘制[1　5π]范围内的余弦函数图像。

\>\> x = 1:0.01:5*pi

```
>> y = cos(x)
>> plot(x, y)
```
如图 6-3。

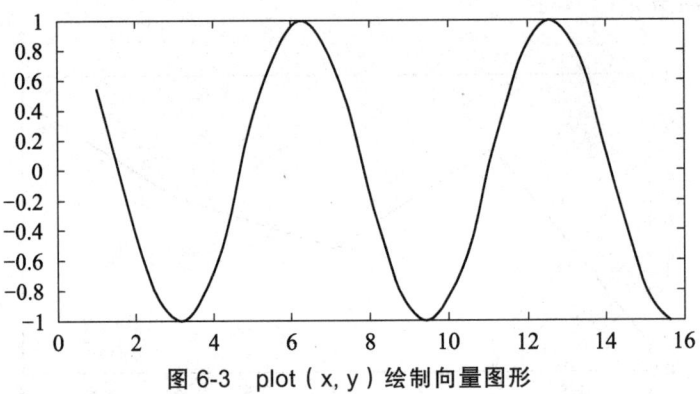

图 6-3　plot（x, y）绘制向量图形

【例 6-4】 绘制矩阵图形。
```
>> x = [1 4 7;6 9 11]
>> y = [3 12 4;6 13 16]
>> plot(x, y)
```
如图 6-4。

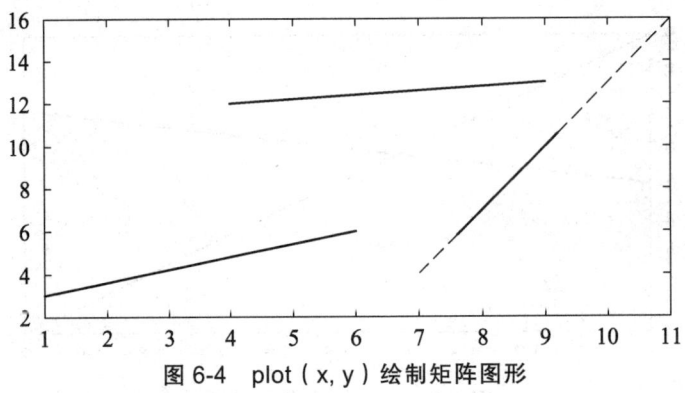

图 6-4　plot（x, y）绘制矩阵图形

3）plot（x, y, s）

参量 x、y 可以为向量或矩阵。参量 s 为一个字符串，其决定了二维图形的颜色、线型及数据点的图标。

（1）线的颜色

黄色，表示符号"y"；紫色，表示符号"m"；青色，表示符号"c"；
红色，表示符号"r"；绿色，表示符号"g"；蓝色，表示符号"b"；
白色，表示符号"w"；黑色，表示符号"k"。

（2）数据点间的连线

实线，表示符号"-"；点线，表示符号":"；

点画线，表示符号"-."；虚线，表示符号"- -"。

（3）数据点形状

实点标记，表示符号"."；圆圈标记，表示符号"o"；

叉号标记，表示符号"x"；十字形标记，表示符号"+"；

星号标记，表示符号"*"；方块标记，表示符号"s"；

钻石型标记，表示符号"d"；

向下的三角形标记，表示符号"∨"；

向上三角形标记，表示符号"∧"；

向左三角形标记，表示符号"<"；

向右三角形标记，表示符号">"；

五角星标记，表示符号"p"；六连形标记，表示符号"h"。

【例 6-5】 绘制[1 2π]范围内的正弦曲线。

\>\> x = 0:0.1:2*pi

\>\> y = sin(x)

\>\> plot(x, y, 'b--*')

如图 6-5。

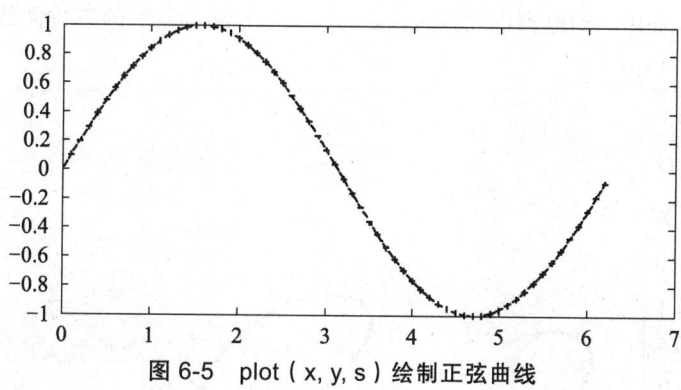

图 6-5　plot（x, y, s）绘制正弦曲线

2. fplot 函数

fplot 函数是在指定的范围内绘制函数 y = f(x)的图像，fplot 函数调用格式为：

fplot(fname, lims, tol)

其中 fname 为函数名，以字符串形式出现，lims 为变量取值范围，tol 为相对允许误差，其系统默认值为 2e-3。

【例 6-6】 绘制[0 2π]范围内的正弦曲线，误差小于 1e-3。

\>\>fplot('sin(x)', [0 2*pi], 1e-3)

如图 6-6。

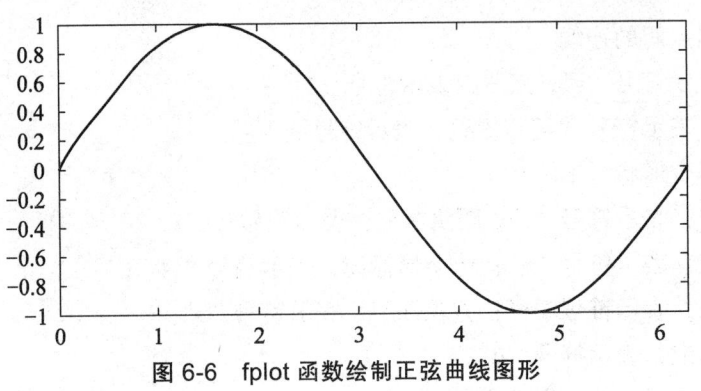

图 6-6 fplot 函数绘制正弦曲线图形

6.3.2 三维绘图命令

最常用的三维绘图包括三维曲线图、三维网络图及三维曲面图,其相应的函数为 plot3、mesh、surf,对于这三种命令的应用分别予以介绍。

1. plot3 函数

plot3 函数类似于 plot 命令,其将绘制二维图形 plot 的特性扩展到三维空间。调用格式为:plot3(x1, y1, z1, 'c1', x, 2, y2, z2, 'c2', …)。其中,x1,y1,z1,…表示三维坐标向量,c1,c2,…表示线形或颜色。

【例 6-7】 在[0 3π]范围内绘制 y = sin(x)、z = cos(x) 的三维曲线。

\>\>x = 0:0.1:3*pi

\>\> y = sin(x)

\>\> z = cos(x)

\>\> plot3(x, y, z, 'b--*')

如图 6-7。

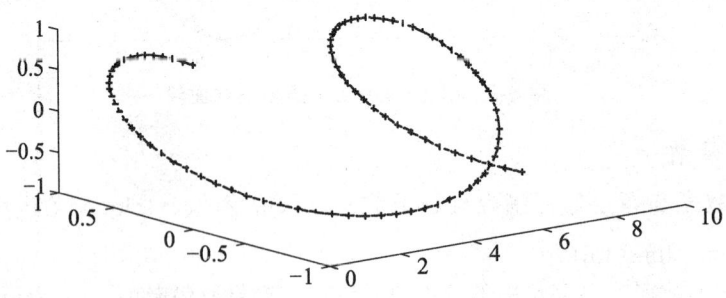

图 6-7 plot(x, y, z, s)绘制三维曲线图

2. mesh 函数

mesh 绘图函数可以绘出某一区间内的三维网格图,调用格式如下:

mesh(x, y, z)

mesh(z)

mesh(x, y, z, c)

…

其中，x, y 控制 x 轴和 y 轴坐标，矩阵 z 是由（x, y）求得 z 轴坐标，（x, y, z）组成了三维空间的网格点；c 用于控制网格点颜色，当省略参量 c 时，mesh（x, y, z）绘制的颜色随 z 值成比例变化。

【例 6-8】 绘制 $z = \sin x \times \cos x$ 的三维网格图。

\>\> x = [0:0.15:2*pi];

\>\> y = [0:0.15:2*pi];

\>\> z = sin(y')*cos(x);

\>\> mesh(x, y, z);

如图 6-8。

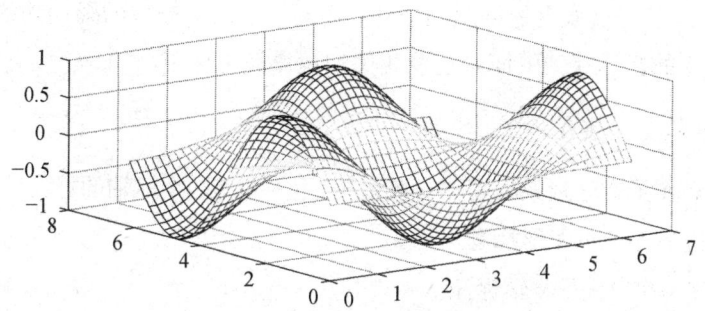

图 6-8　mesh 函数绘制三维立体网状图

3. surf 函数

surf 绘图函数与 mesh 函数用法类似，其绘制的图形为三维曲面图。着色的方法是在得到相应的网格后，对每一网格依据该网格所代表的节点的色值来定义这一网格的颜色，调用格式如下：

surf (x, y, z)

surf (z)

surf (x, y, z, c)

…

【例 6-9】 绘制 $z = \sin[(x^2+y^2)^{\frac{1}{2}}]/(x^2+y^2)^{\frac{1}{2}}$ 的三维曲面图。

\>\> x1 = -10:0.5:10;

\>\>y1 = -10:0.5:10;

\>\> [x, y] = meshgrid(x1, y1); %设置网格，将 x、y 转化为矩阵格式

\>\>z = sin(sqrt(x.^2+y.^2))./sqrt(x.^2+y.^2);

\>\>surf(x, y, z)

如图 6-9。

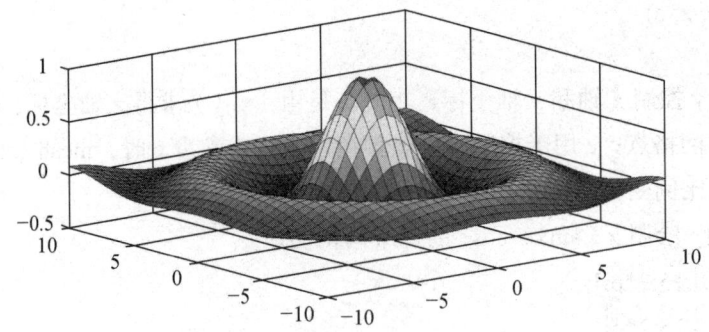

图 6-9　surf 函数绘制三维曲面图

6.3.3　坐标轴设置

MATLAB 除了提供强大的绘图功能外，还提供了图形处理的辅助功能，例如，坐标轴的调整、文字的标示等，下面对这些相关知识作简单介绍。

1. 坐标轴的文字表示

对于绘制的图形在坐标系中需作一些说明，包括标题、坐标轴的标注等，其函数如下：

title（'字符串'）——图形标题。

xlabel（'字符串'）——x 轴标注。

ylabel（'字符串'）——y 轴标注。

text（x, y,'字符串'）——在坐标（x, y）处标注说明文字。

gtext（'字符串'）——用鼠标在特定处标注说明文字。

2. 坐标轴的设置

1）坐标轴的特性控制

MATLAB 可以用 axis 函数来对坐标轴进行设置，用法如下：

axis（[xmin xmax ymin ymax]）

其中，[xmin xmax]区间表示 x 轴的范围。同理，[ymin ymax] 区间表示 y 轴的范围。

【例 6-10】　限制横纵坐标显示范围，其中 x[1 5]及 y[0 6]，并用蓝色圆圈标记。

```
>> x = 1:1:10;
>> y = 2:1:11;
>> plot(x, y, 'b-o')
>> axis([0, 5, 0, 6]);
```

如图 6-10。

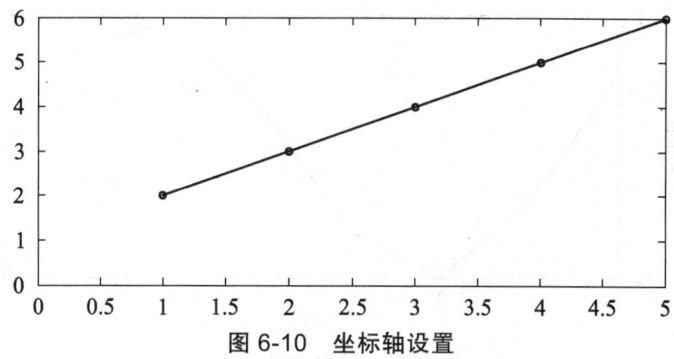

图 6-10 坐标轴设置

另外,axis('字符串')函数中的参量选择不同,其坐标轴显示不同的特性,参量的功能见表 6-2。

表 6-2　axis 控制参量

字符串	功　能
auto	自动设置坐标系:xmin = min(x), xmax = max(x), ymin = min(y), ymax = max(y)
square	将图形设置为正方形图形
equal	将图形的 x,y 坐标轴的单位刻度设置为相等
normal	取消 axis('square')和 axis('equal')函数的作用
on	打开所有坐标轴标注、标记和背景
off	关闭所有坐标轴标注、标记和背景

2) 坐标轴刻度表示

在 matlab 中可设置坐标轴的刻度为需要的形式,方法如下:

set(gca, 'xtick', 表示向量)

set(gca, 'ytick', 表示向量)//按标示向量设置 x,y 轴的刻度标示。

【例 6-11】 改变 x 轴、y 轴的标注点绘制函数曲线。

\>\>x = 1:1:8

\>\>y = cos(x)

\>\>plot(x, y)

\>\>set(gca, 'xtick', [1 3 6 8]) %x 坐标轴只标注 1、3、6、8 刻度。

\>\>set(gca, 'ytick', [-1 1]) %y 坐标轴只标注-1、1 刻度。

\>\>xlabel('x 取值')

\>\>ylabel('余弦值')

如图 6-11。

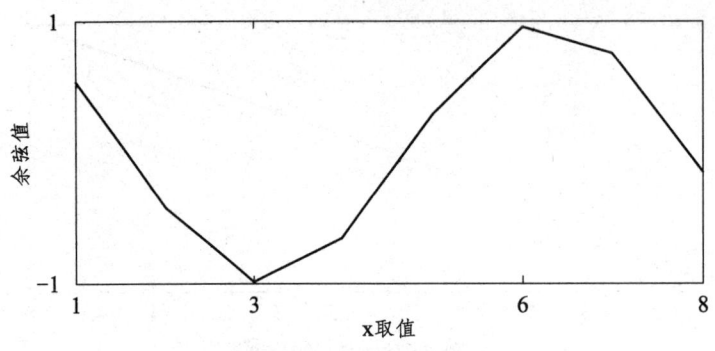

图 6-11　绘制余弦函数

【思考题】

6-1　已知 $A = \begin{bmatrix} 1 & 1 \\ 2 & 3 \end{bmatrix}$，$B = \begin{bmatrix} 2 & 3 \\ 1 & 2 \end{bmatrix}$，求 A*B 和 A.*B。

6-2　利用 plot 在[0　2π]区间绘出正弦曲线和余弦曲线。

第 7 章　变形监测数据的处理

利用变形监测得到数据来分析监测对象的变化趋势、成因，要求数据准确，才能正确反映监测对象的变化。我们知道，真实的测量环境较复杂，测量数据难免会存在误差，有时甚至是错误。因此，在变形分析和预测之前要将数据"去伪存真"进行处理。

7.1　变形监测数据的预处理

7.1.1　监测数据检核的意义与方法

我们知道，利用得到的监测数据主要目的是要对监测对象进行研究，因此，监测数据的准确与否至关重要。在监测数据中存在误差或错误，那么对监测对象的变形分析、解释、预测将带来麻烦，甚至可能造成误判。因此，我们必须保证数据的正确性，才能够得到符合实际的结论。正确取舍观测值是一个重要问题，下面我们简单探讨几种有效的方法。

1. 莱依达准则

在观测的数据中，假设只含有随机误差且服从正态分布，则可以认为残差 v_i 是以 0.997 3 的概率出现在 $\pm 3\sigma$ 范围内，而出现在 $\pm 3\sigma$ 以外的概率只有 0.002 7，如此小的概率认为这是不可能事件，即当 $|v_i|>3\sigma$ 时，可将该观测值剔除。

2. 格拉布斯准则

该准则是对最大或最小异常数据进行检验。设对某量等精度观测，观测值为 $(x_1,x_2,...,x_n)$，$\bar{x}=\dfrac{1}{n}\sum\limits_{i=1}^{n}x_i$，$v_i=x_i-\bar{x}$，$\hat{\sigma}=\pm\sqrt{\dfrac{[v^2]}{n-1}}$，若 $|v_i|>\lambda(\alpha,n)\cdot\hat{\sigma}$，则认为 x_i 为坏值并剔除不用。因此，只要给定显著水平 α,n，通过查表就可确定 $\lambda(\alpha,n)$。

3. 罗曼诺夫斯基准则——t 检验准则

当测量次数较少时，按 t 分布的数据分布范围来确定粗差的界限较为合理。设在 n

次重复观测中先将某个可能存在粗大误差的可疑值剔除,然后按 t 分布对该组值进行检验。设不包含可疑观测值 x_d 在内的数据均值 $\bar{x}$ 和观测值标准差 $\hat{\sigma}$,则当 $|x_d - \bar{x}| > k(\alpha, n) \cdot \hat{\sigma}$ 时,认为剔除 x_d 是正确的。其中:

$$\bar{x} = \frac{1}{n-1}\sum_{i \neq d} x_i, \quad \hat{\sigma}_i^2 = \frac{1}{n-2}\sum_{i \neq d}(x-\bar{x})^2, \quad k(\alpha,n) = t_\alpha(n-2) \cdot \left(\frac{n}{n-1}\right)^2$$

式中 $t_\alpha(n-2)$ 为相关分布的置信系数。

对于数据的筛选除了上述方法外还有肖维勒准则、狄克逊准则、弗格森准则等等,有兴趣的读者可以参考相关书籍。

7.1.2 监测数据的曲线平滑

在变形监测中,由于受到各种因素的影响,在观测得到的数据中不可避免地带有误差和干扰。一般来说,非随机的干扰多属于长周期的变化,而随机干扰多属于短周期变化,而我们所需要的信号可能是长周期的,也可能是短周期的,我们可以采取一些方法,像电子仪器中滤波器一样把需要的那些周期性变化信号保留甚至放大,把不需要的那些周期性(误差或干扰)抑制或消除。本节介绍几种曲线平滑方法。所谓曲线平滑,是指为了突出观测值相对于某个量的变化趋势,需要将上下跳动的观测折线合理地绘成平滑的曲线,这种处理方法叫曲线的平滑。

1. 图解平滑法

这个方法是直接从上下跳动的折线或曲线的观测值中用手工描绘能代表数值变化趋势的平滑曲线,如图 7-1 所示。将观测值在坐标系中画出,首先绘出折线变化趋势图,然后根据折线的趋势绘出如图中虚线表示的平滑曲线。绘制平滑曲线时,要遵循下述三点原则:① 曲线要通过尽可能多的观测点或尽可能通过观测点密集地区的中心,即观测点尽可能位于曲线两侧附近;② 曲线两侧点的数目大致相等;③ 曲线急剧拐弯的部分应尽可能描绘得圆滑。从图上可以看出,经过平滑后的曲线,短周期的跳动消失了,趋势性的、较长周期的变化明显了。

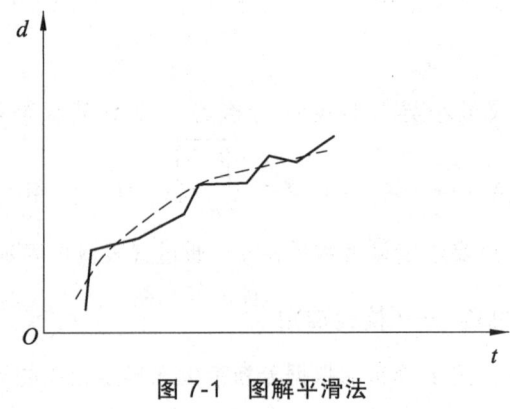

图 7-1 图解平滑法

2. 平均值法

把连续观测的若干数值总和平均，作为一个观测结果。因为 n 个数的算术平均值的均方误差比单个观测值的均方误差小 $\frac{1}{\sqrt{n}}$ 倍，也就是说，其精度提高了 $\sqrt{n}$ 倍。可以这样理解，在平均的过程中观测值的偶然误差和随机干扰被抵消了一部分，故误差和干扰减少了，误差也就变小了，因此，曲线显得平滑了，具体计算式为：

$$\bar{x} = \frac{x_1 + x_2 + \cdots + x_n}{n} \tag{7-1}$$

式中，$\bar{x}$ 是平均值，n 为连续观测一组数据的个数。如果某变形体具有一定的周期变化，如日变化、月变化或年变化等，常对整个周期的全部数值作平均，得到日均值、月均值或年均值，这些数值能提供比日、月、年更长周期的较为平滑的趋势变化，较短的周期跳动就被抑制了。

3. 滑动平均值法

采用平均值法虽能抑制短周期的波动，但观测点数大大减少，如采用 n 点平均，则点数减少为 n 分之一，这就会损害曲线的连续、平均形态。为克服这一不足，常采用滑动平均值法来得到较为平滑的曲线。

1）三点滑动平均值法

设有一组等间隔的观测数据 $x(t_i)(i=1\sim N)$，采样间隔为 Δ，若对任意 3 个相邻的观测值 $x(t_{j-1})$，$x(t_j)$，$x(t_{j+1})$ 用一个线性函数

$$p(t_i) = a_0 + a_1 t_i \tag{7-2}$$

来拟合，由最小二乘准则

$$Q = \sum_{i=j-1}^{j+1} \left[x(t_i) - (a_0 + a_1 t_i) \right]^2 = \min \tag{7-3}$$

可以得到求解参数 a_0, a_1 的线性方程组：

$$\begin{cases} 3a_0 + a_1 \sum_{i=j-1}^{j+1} t_i = \sum_{i=j-1}^{j+1} x(t_i) \\ a_0 \sum_{i=j-1}^{j+1} t_i + a_1 \sum_{i=j-1}^{j+1} t_i^2 = \sum_{i=j-1}^{j+1} t_i x(t_i) \end{cases} \tag{7-4}$$

解此方程得：

$$\begin{cases} a_0 = \frac{1}{3} \sum_{i=j-1}^{j+1} x(t_i) \\ a_1 = \frac{1}{2} [x(t_{j+1}) - x(t_{j-1})] \end{cases} \tag{7-5}$$

将所求出的参数代入（7-1）中，并设 $t_j = 0$，则 $t_{j-1} = -\Delta$，$t_{j+1} = \Delta$ 即可得到三点简单滑动平均公式：

$$x'(t_j) = \frac{1}{3}[x(t_{j-1}) + x(t_j) + x(t_{j+1})] \quad (j = 2, 3, \cdots, N-1) \quad (7\text{-}6)$$

如果将一次函数改为二次多项式来拟合，即 $p(t_i) = a_0 + a_1 t_i + a_2 t_i^2$，那么可得到三点加权滑动平均平滑公式：

$$x'(t_j) = \frac{1}{4}[x(t_{j-1}) + 2x(t_j) + x(t_{j+1})] \quad (j = 2, 3, \cdots, N-1) \quad (7\text{-}7)$$

2）五点滑动平均值法

五点滑动平均值法与三点滑动平均值法思想大致相同，设 $x(t_{j-2})$，$x(t_{j-1})$，$x(t_j)$，$x(t_{j+1})$，$x(t_{j+2})$ 为相邻的 5 个观测值，同样用一次函数或二次多项式来拟合，可以得到五点简单平滑公式和五点加权滑动平均公式：

$$x'(t_j) = \frac{1}{5}[x(t_{j-2}) + x(t_{j-1}) + x(t_j) + x(t_{j+1}) + x(t_{j+2})] \quad (j = 2, 3, \cdots, N-1) \quad (7\text{-}8)$$

$$x'(t_j) = \frac{1}{35}[-3x(t_{j-2}) + 12x(t_{j-1}) + 17x(t_j) + 12x(t_{j+1}) - 3x(t_{j+2})] \quad (j = 2, 3, \cdots, N-1) \quad (7\text{-}9)$$

7.1.3 数据的滤波

1. 滤波的概念

滤波一词来源于通信和控制领域，指的是在获得的信号中将干扰成分过滤掉，分离出所期望的信息。曲线平滑是滤波方式的一种。在曲线平滑一节的内容中我们看到它实际上是将原始观测数据序列中某些数据抽取出来并配以不同的权系数，通过滑动运算构成新的数据序列。这种方法往往能够达到突出原始序列中的有用信号、压制或消除其中的干扰，这种数据处理的方法通常称为数字滤波。公式中的权系数称为数字滤波器。很明显，对于具体的数字滤波器而言，其滤波效能不仅与权系数个数有关，还与这些权系数的大小有关，当进一步改变这些系数时，不仅可以得到消除短周期、保留长周期变化的低通数字滤波器，还能得到消除长周期、保留短周期的高通数字滤波器和只保留某一种周期范围、消除其他周期的带通数字滤波器。

2. 二分法

下面介绍一种用于压制长周期、突出短周期的滤波方法——二分法。

设对自变量 T（时间、温度等）作等间距 ΔT 的观测，ΔT 称为步长，由此得到一观测序列 $L_i (i = 1, 2, \cdots, n)$。

一阶差分：$\Delta L_i = L_{i+1} - L_i$

二阶差分：$\Delta^2 L_i = \Delta L_{i+1} - \Delta L_i = L_{i+2} - 2L_{i+1} + L_i$

三阶差分：$\Delta^3 L_i = \Delta^2 L_{i+1} - \Delta^2 L_i = L_{i+3} - 3L_{i+2} + 3L_{i+1} - L_i$

在实际应用中较常用到的是一阶差分和二阶差分。通过此种方法将数据序列中大量存在的较长周期的变化予以抑制。差分法的滤波效果见图 7-2。

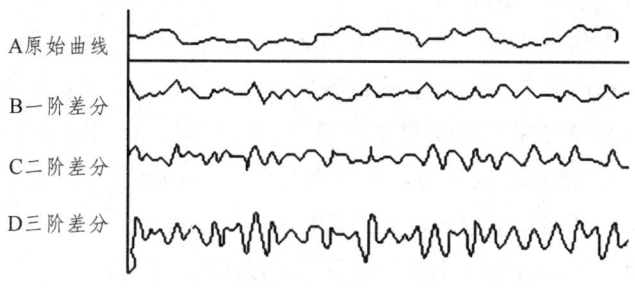

图 7-2　差分法的滤波效果

7.2　数据的插值与拟合

在监测数据处理和分析之前，我们进行了异常数据的剔除，由于数据的剔除，会缺失一些观测数据；另外，由于一些主、客观原因也会出现资料的缺失或者需要特定某时段的数据而该时段又没有数据。此时我们可以利用一定的方法进行插补。

7.2.1　插　值

插值法是使用已知函数按照一定规则近似原函数的数学方法。插值的方法较多，比较常用的如线性插值、抛物线插值、多项式插值等。

1. 线性插值

线性插值就是利用通过原曲线两点 $A_1(x_1, y_1), A_2(x_2, y_2)$ 的直线代替曲线。

插值关系式为：$y = \dfrac{x_2 - x}{x_2 - x_1} y_1 + \dfrac{x - x_1}{x_2 - x_1} y_2$

2. 抛物线插值

抛物线插值在几何上就是通过原曲线三点 $A_1(x_1, y_1), A_2(x_2, y_2), A_3(x_3, y_3)$ 的抛物线代替曲线。

插值关系式为：$y = \dfrac{(x - x_2)(x - x_3)}{(x_1 - x_2)(x_1 - x_3)} y_1 + \dfrac{(x - x_1)(x - x_3)}{(x_2 - x_1)(x_2 - x_3)} y_2 + \dfrac{(x - x_1)(x - x_2)}{(x_3 - x_1)(x_3 - x_2)} y_3$

7.2.2 MATLAB 数据的拟合

插值方法简单、方便，便于解释。在实际观测中，我们得到若干个观测值，这些函数值（观测值）与某些自变量（影响因子）关系复杂或者很难准确地表达关系式，想要在一定的范围内（定义域）用公式给出该函数的简单表达式，即寻求一个简单的函数来逼近这个复杂函数关系式，这就是拟合。

例如已知平面上的一些数据点 $(x_i, y_i)(i=1,2,\cdots,n)$，对其作散点图，然后根据散点图可以确定自变量 x 和因变量 y 的一个近似解析表达式 $y=f(x)$ 来表达原散点图。数据拟合最重要的便是如何选择函数整体逼近所给的数据点列。例如对于一组数对（1，5.1；2，7.9；3，11.1；4，10.9），我们很容易想到利用 $y=3x+2$ 来描述它，问题是这种式子是否唯一，精度又怎样呢？下面我们介绍几种利用 MATLAB 来拟合的方法。

多项式拟合是数据拟合的常用方法，其 MATLAB 指令为：

$$[a,s] = \text{polyfit}(x,y,n)$$

其中，x, y 为所拟合的数据向量，n 为多项式的最高阶数，输出参数 a 为拟合多项式的系数向量（降幂排列）。s 为矩阵量，根据其量值可判断预测的精度。另外，多项式在 x 处的拟合值 y 可用下面函数进行计算：y = ployval(a, x)。

【**例 7-1**】 已知一组监测数据，监测体的温度变化量 x（°C）和位移变化量 y（mm）的关系见表 7-1，利用一次多项式拟合监测数据，并预测温度变化量 $x=4$ °C 时，位移变化量 y 为多少。

表 7-1 温度变化量 x-位移变化量 y 对应表

x/°C	1.21	1.82	2.11	2.61	2.98	3.27	3.32	3.55
y/mm	6.26	8.71	9.97	12.01	13.56	14.68	14.89	15.99

解： 由于已知温度变化量和位移变化量为线性关系，故采用一次多项式来描述监测体温度变化量和位移变化量的关系，拟合的 MATLAB 程序如下：

x = [1.21 1.82 2.11 2.61 2.98 3.27 3.32 3.55]
y = [6.26 8.71 9.97 12.01 13.56 14.68 14.89 15.99]
aa = polyfit（x, y, 1）%一次多项式拟合，aa 为拟合的一次多项式系数向量；
a = aa（1）%取向量中的第一项赋给 a；
b = aa（2）%取向量中的第二项赋给 b；
z = polyval（aa, x）%将 x 值赋给拟合得到的一次多项式，得到函数值；
plot（x, y, 'K + ', x, z, 'r'）
title（'温度-位移关系图'）%坐标系的文字标示；
xlabel（'x 温度变化量'）

ylabel（'y 位移变化量'）

运行结果：a = 4.129 6，b = 1.235 5

则温度 x 与位移量 y 的关系为：$y = 4.129\,6x + 1.235\,5$。

在 MATLAB 命令窗口输入指令：

$$z = polyval（aa, 4）$$

运行可得 z = 17.754 1，即在温度变化 4 ℃ 时，位移变化量为 17.754 1 mm。

一次多项式拟合见图 7-3。

当然，如果进行高次幂的多项式拟合，只需将函数 polyfit(x,y,n) 中的 n 值设置成不同的量，但要注意拟合的精度需求。

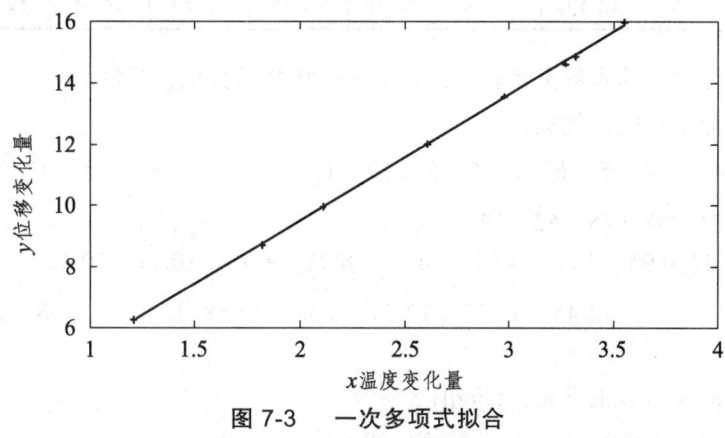

图 7-3　一次多项式拟合

在曲线拟合中，MATLAB 有一个功能强大的曲线拟合工具箱 cftool，使用方便，能实现多种类型的线性、非线性曲线拟合。工具箱提供的拟合类型如下：

Custom Equations：用户自定义的函数类型；

Exponential：指数逼近，有 2 种类型，a*exp（b*x）、a*exp（b*x）+ c*exp（d*x）；

Fourier：傅里叶逼近，有 7 种类型，基础型是 a0 + a1*cos（x*w）+ b1*sin（x*w）；

Gaussian：高斯逼近，有 8 种类型，基础型是 a1*exp（-（(x-b1)/c1）^2）；

Interpolant：插值逼近，有 4 种类型，linear、nearest neighbor、cubic spline、shape-preserving；

Polynomial：多形式逼近，有 9 种类型，linear、quadratic、cubic、4-9th degree；

Power：幂逼近，有 2 种类型，a*x^b、a*x^b + c；

Rational：有理数逼近,分子、分母共有的类型是 linear、quadratic、cubic、4-5th degree，此外，分子还包括 constant 型；

Smoothing Spline：平滑逼近；

Sum of Sin Functions：正弦曲线逼近，有 8 种类型，基础型是 a1*sin（b1*x + c1）；

Weibull：只有一种，a*b*x^（b-1）*exp（-a*x^b）。

【例 7-2】 已知某隧道水平收敛的量测时间 t 及收敛量 u 如表 7-2 所示，问水平收敛的速度何时小于 0.2 mm/d？

表 7-2　量测时间 t-收敛量 u 对应表

t/d	1	2	3	4	5	6	7	8	9
u/mm	0	0.07	0.95	3.22	4.65	6.45	8.01	8.96	10.14
t/d	10	11	12	13	14	15	17	19	21
u/mm	10.42	11.21	11.89	12.06	12.24	12.41	12.45	12.52	12.55
t/d	23	25	27	29	31	38	45	52	59
u/mm	12.58	12.58	12.58	12.58	12.58	12.58	12.58	12.58	12.58

解：本题可拟合的函数类型较多，在这里以指数函数拟合为例。

（1）先在命令行输入数据：

t = [1　2　3　4　5　6　7　8　9　10　11　12　13　14　15　17　19　21　23　25　27　29　31　38　45　52　59]

u = [0　0.07　0.95　3.22　4.65　6.45　8.01　8.96　10.14　10.42　11.21　11.89　12.06　12.24　12.41　12.45　12.52　12.55　12.58　12.58　12.58　12.58　12.58　12.58　12.58　12.58　12.58]

（2）启动曲线拟合工具箱：cftool；

（3）利用 X data 和 Y data 的下拉菜单读入数据 t，u；

（4）选择指数逼近 Exponential 中 a*exp（b*x）+ c*exp（d*x）;

（5）得到 Coefficients（with 95% confidence bounds）

a = 14.37（12.49, 16.26）

b = - 0.002927（- 0.006296, 0.0004426）

c = - 19.01（- 20.85, - 17.16）

d = - 0.1593（- 0.1952, - 0.1233）

拟合方程为：$U = 14.37 e^{(-0.002927t)} - 19.01 e^{(-0.1593t)}$

方程对时间求导数，$U' < 0.2$ 可得 $t > 15.6$ d，即第 16 天后小于 0.2 mm/d。

程序除了给出拟合的参数外，还会给出描述拟合精度的一系列参数，如：拟合数据和原始数据对应点的误差平方和（SSE）、回归系统的拟合标准差（RMSE）、相关系数（R-square，即 R^2）等。

$$SSE = \sum_{i=1}^{n} w_i (y_i - \hat{y}_i)^2$$，其越接近于 0，说明模型选择和拟合越好，数据预测也越成功。

$$RMSE = \sqrt{\frac{1}{n} \sum_{i=1}^{n} w_i (y_i - \hat{y}_i)^2}$$，其值越小说明对数据拟合得越好。

$R\text{-square} = 1 - \dfrac{\text{SSE}}{\text{SST}}$ [其中 $\text{SST} = \sum\limits_{i=1}^{n} w_i(y_i - \bar{y}_i)^2$],其正常取值范围为[0 1],越接近 1,表明方程的变量对 y 的解释能力越强,这个模型对数据拟合得也越好。

7.2.3　EXCEL 趋势拟合

对于简单的监测数据也可以利用 Excel 进行数据的趋势拟合,来预测数据的未来变化,这种方法比较简单且实用。

我们首先简单讲一下 Excel 中折线图的绘制。在 Excel 中可以绘制各种统计图形,如条形图、折线图、面积图等,来对数据进行统计、分析。对于变形监测数据分析来说,用得较多的就是折线图。表 7-3 给出了 9 个监测点的 24 期监测数据,我们如何在一张表中绘制监测点时间-沉降量折线图呢?我们以 Excel 2013 为例,依次在菜单中选取"数据源"—"插入"—"图表"—"带数据标记的折线图",便绘制出图 7-4。在图中共有 9 条折线,每条线上 24 个点,代表 9 个监测点 24 次观测得到的沉降量。得到的这个图表可以改变其显示的样式,只需将鼠标点击需要变化的位置,便会显示其属性栏,我们可以进行修改。如,改变"图表标题"为"监测点垂直位移图"等。图 7-5 为按照需求得到的监测点时间-沉降量折线图。在得到折线图以后我们便可以添加趋势线。

在 Excel 中,趋势线工具可以通过右键单击图表中的数据系列来打开。在弹出的菜单中,选择"添加趋势线"选项,见图 7-6。在弹出的对话框中,我们可以选择不同的趋势线类型来拟合,如指数、线性、对数、多项式等。我们可以修改趋势线的颜色、线型、标签等属性,使其更加清晰和易于理解。此外,我们还可以使用 Excel 的预测功能来预测未来的趋势和变化。在图表中,我们右键单击趋势线,选择"添加数据标签"选项,监测数据便会附在折线旁。选择"显示方程式"和相关系数"R^2"值选项,Excel 会在图表中显示趋势线的方程表达式和 R^2 的值,我们可以使用这些信息来预测未来的趋势和变化。在这里我们选择二次多项式拟合,得:$y = -0.001\,2t^2 + 0.022\,3t + 1.108\,4$,相关系数 $R^2 = 0.727\,3$。如图 7-7。

Excel 趋势拟合是一种简单且实用的分析方法,它可以帮助我们预测未来的趋势和变化。在使用 Excel 趋势拟合时,我们需要注意选择合适的趋势线类型,尽量让相关系数接近于 1。通过合理地使用 Excel 趋势拟合,我们可以更好地理解数据,做出更加准确的预测和决策。

表7-3 监测点时间-沉降量表

时间	测点1	测点2	测点3	测点4	测点5	测点6	测点7	测点8	测点9
2017/7/7	1.3	1.4	1.6	1.5	1.2	1.5	1.3	1.1	1.3
2017/7/22	1.3	1.4	1.6	1.5	1.3	1.6	1.4	1.3	1.4
2017/8/6	1.4	1.6	1.6	1.6	1.4	1.7	1.6	1.2	1.4
2017/8/21	1.3	1.2	1.6	1.6	1.2	1.8	1.6	1.2	1.5
2017/9/5	1.3	1.4	1.3	1.5	1.3	1.8	1.7	1.1	1.5
2017/9/20	1.4	1.5	1.5	1.5	1.4	1.6	1.7	1.1	1.6
2017/10/5	1.4	1.5	1.4	1.4	1.4	1.8	1.7	1.2	1.5
2017/10/20	1.5	1.6	1.4	1.5	1.5	1.8	1.7	1.2	1.4
2017/11/4	1.6	1.6	1.6	1.6	1.7	1.9	1.7	1.2	1.4
2017/11/19	1.6	1.5	1.7	1.7	1.7	1.8	1.7	1.2	1.4
2017/12/4	1.4	1.5	1.8	1.6	1.6	1.6	1.7	1.2	1.3
2017/12/19	1.3	1.4	1.5	1.7	1.4	1.6	1.6	1.2	1.2
2018/1/3	1.5	1.6	1.5	1.7	1.5	1.6	1.6	1.2	1.2
2018/1/18	1.4	1.6	1.6	1.6	1.4	1.6	1.6	1.2	1.2
2018/2/2	1.3	1.4	1.7	1.6	1.3	1.5	1.5	1.2	1.1
2018/2/17	1.3	1.4	1.8	1.7	1.2	1.6	1.5	1.2	1.1
2018/3/4	1.1	1.5	1.7	1.7	1.2	1.6	1.4	1.2	1.0
2018/3/19	1.1	1.5	1.7	1.7	1.2	1.5	1.4	1.1	1.0
2018/4/3	1.1	1.4	1.6	1.7	1.1	1.6	1.4	1.1	1.0
2018/4/18	1.1	1.4	1.5	1.7	1.1	1.5	1.3	1.1	0.9
2018/5/3	1.1	1.3	1.5	1.6	1.1	1.5	1.3	1.0	0.9
2018/5/18	1.0	1.3	1.4	1.5	1.1	1.4	1.2	1.0	0.9
2018/6/2	1.1	1.2	1.4	1.5	0.9	1.4	1.2	1.0	0.9
2018/6/17	1.0	1.1	1.3	1.4	1.0	1.4	1.2	1.0	0.9

图表标题

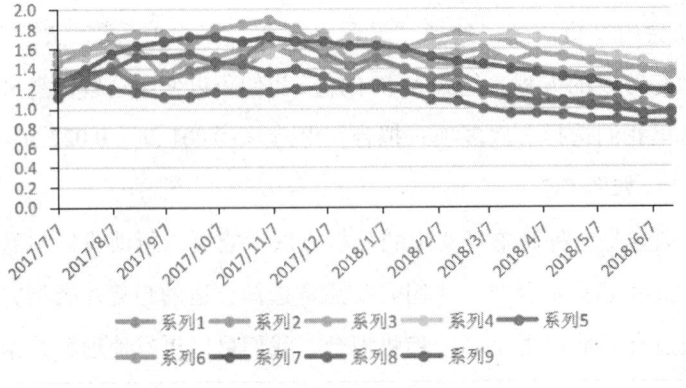

图7-4 原始折线图

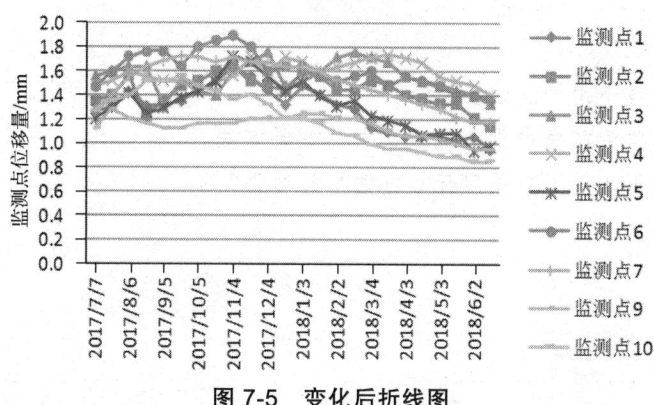

图 7-5 变化后折线图

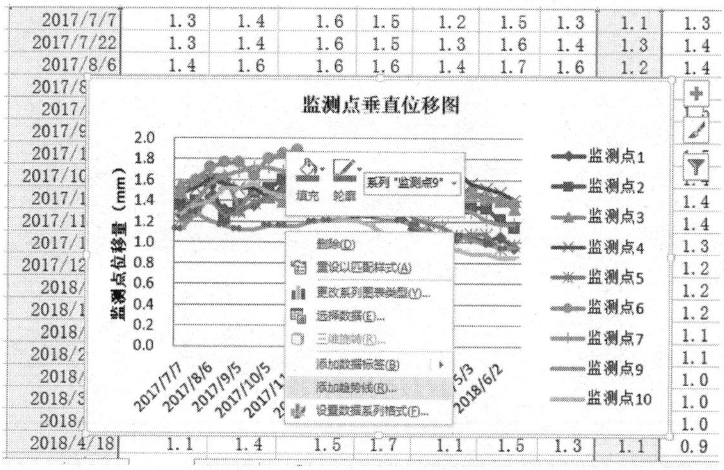

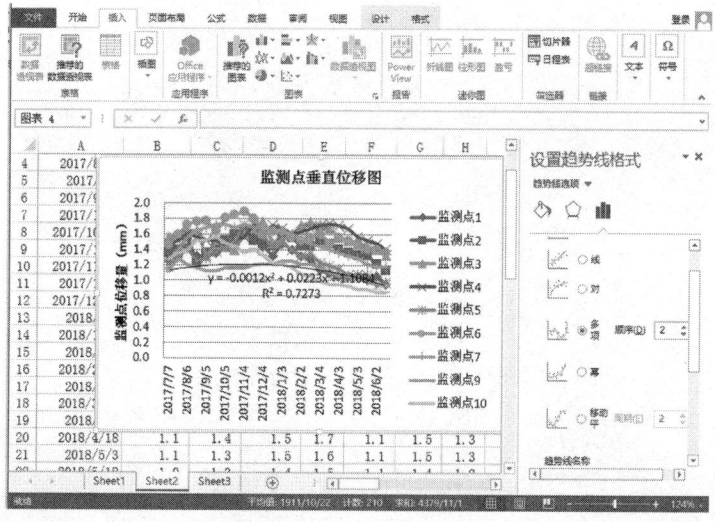

图 7-6 添加趋势线

图 7-7 二次多项式拟合

📖 【思考题】

7-1 简述曲线平滑和滤波。

7-2 简述在监测数据中剔除奇异数据的主要方法。

7-3 观测数据如丢失应采用什么方法插补数据?

第8章 变形预测常用的方法

利用监测数据进行监测对象变形预测是监测工作中一项重要内容,监测信息分析和预测方法很多,大体分为经验统计分析预测和力学模型分析预测两类。经验统计分析预测是以监测数据为基础,借助各种数理统计方法建立模型,来分析监测对象的变化趋势。进行分析和预测的算法较多,如,回归分析、神经网络、时间序列、灰色系统等,考虑本书章节安排,本章主要介绍回归分析及神经网络,有兴趣的读者可参考相应的书籍。

8.1 回归分析法

自然界中普遍存在着变量之间的关系,变量之间的关系一般来说可分为确定性的和非确定性的两种。确定性的关系是指变量之间的关系可以用函数关系来表达,对于非确定性关系,即所谓的相关关系,其不能用函数来准确表示的变量间关系。例如,人的身高和体重之间存在着相关关系,一般来说,人高一些,体重要重一些。但同样高度的人,体重往往不相同。人的血压与年龄之间也存在着关系,但同年龄的人血压往往不相同。上面所说的变量之间的关系便是非确定性的,我们可以用回归分析方法来研究变量之间的相互联系。

回归分析是处理变量之间相关关系的一种数理统计方法,即针对具有一定联系的变量建立一个经验函数关系式,这个关系式的因变量可以是位移、沉陷、挠度、倾斜等,即系统的输出;关系式的自变量,可以是水位、气温、气压、渗流、渗压以及时间等,即系统的输入。根据这个函数关系式,得到各个变量的相互关系,从而使自然规律的认识从定性认识上升到定量认识。

8.1.1 一元线性回归模型

对于一个自变量和一个因变量之间的近似线性关系的回归模型,称为一元线性回归模型。一元线性回归的数学模型为:

$$y = a + bx + \varepsilon \tag{8-1}$$

式中：y 为因变量，x 为自变量；a, b 为待定的系数；ε 为随机误差。

在对观测的数据分析中，如果观测数据之间具有近似的线性关系，那么就可以利用上式来描述。对于随机误差 ε，一般假设 $\varepsilon \sim N(0, \sigma^2)$，即服从正态分布，做这样的假设是合理的，主要依据概率论中的中心极限定理。利用一元线性回归模型进行预测的步骤包括参数估计、模型检验和最后预测。

1. 参数估计

已知得到 n 组观测数据 $(x_1, y_1), (x_2, y_2), \cdots, (x_n, y_n)$，通过分析（绘制散点图），知道 y 与 x 之间呈现近似的线性关系，则可利用模型式（8-1）来进行分析，即对于每一组数据 (x_i, y_i) 有 $y_i = a + bx_i + \varepsilon_i$，其中 $i = 1, 2, \cdots, n$。设 $\hat{y}_i$ 是实际值 y_i 的估计值，$\hat{y}_i = a + bx_i$，而 ε_i 则是实际值 y_i 与 $\hat{y}_i$ 之间的随机误差项，假设 ε 独立且 $\varepsilon \sim N(0, \sigma^2)$，则 $\varepsilon_i = y_i - \hat{y}_i = y_i - a - bx_i$，根据最小二乘准则 $\sum_{i=1}^{n} \varepsilon_i^2 = \min$ 的思想，利用微分学中的极值理论，需分别对未知参数 a, b 求偏微分且使其为零，即：

$$\begin{cases} \dfrac{\partial}{\partial a} \sum_{i=1}^{n}(y_i - a - bx_i)^2 = 0 \\ \dfrac{\partial}{\partial b} \sum_{i=1}^{n}(y_i - a - bx_i)^2 = 0 \end{cases} \quad (8\text{-}2)$$

整理得：

$$\begin{cases} b = \dfrac{n\sum\limits_{i=1}^{n} y_i x_i - \sum\limits_{i=1}^{n} y_i \sum\limits_{i=1}^{n} x_i}{n\sum\limits_{i=1}^{n} x_i^2 - \left(\sum\limits_{i=1}^{n} x_i\right)^2} \\ a = \dfrac{\sum\limits_{i=1}^{n} x_i^2 \sum\limits_{i=1}^{n} y_i - \sum\limits_{i=1}^{n} x_i \sum\limits_{i=1}^{n} y_i x_i}{n\sum\limits_{i=1}^{n} x_i^2 - \left(\sum\limits_{i=1}^{n} x_i\right)^2} \end{cases} \quad (8\text{-}3)$$

将得到的 a, b 代入，最后得到一元线性回归模型 $\hat{y} = a + bx$。

2. 模型的验证

回归模型建立以后，要进行模型检验。常用的方法有标准偏差检验、相关系数检验、显著性检验和随机性检验。

1）标准偏差（s）检验

标准偏差（s）检验主要用来检验回归模型精度，其计算公式为：

$$s = \sqrt{\frac{1}{n-2}\sum_{i=1}^{n}(\hat{y}_i - y_i)^2} \quad (8-4)$$

从式（8-4）可以看出，s 反映了回归预测模型得到的估计值 $\hat{y}$ 与实际值 y 之间的平均误差，所以 s 值越小越好。

2）相关系数（r）检验

相关系数（r）用来检验两个变量之间的线性相关程度，其计算公式为：

$$r = \frac{\sum_{i=1}^{n}(x_i - \bar{x})(y_i - \bar{y})}{\sqrt{\sum_{i=1}^{n}(x_i - \bar{x})^2 \sum_{i=1}^{n}(y_i - \bar{y})^2}} \quad (8-5)$$

当 $|r|=1$ 时，实际值完全落在回归直线上，y 与 x 有完全的线性关系；当 $0<r<1$ 时，y 与 x 存在一定的线性正相关关系，y 随 x 的增加而增加；当 $-1<r<0$ 时，y 与 x 存在一定的线性负相关关系，y 随 x 的增加而减小；当 $r=0$ 时，说明 y 与 x 之间不存在线性关系。

3）显著性（F）检验

F 检验用来检验 y 与 x 之间是否存在显著的线性统计关系，如果检验结果是否定的，即 y 与 x 之间不存在显著的线性统计关系，那么所建立的回归关系式无效。

$$F = \frac{r^2}{(1-r^2)/(n-2)} \quad (8-6)$$

计算方法如下：

（1）按照式（8-6）计算 F 值。

（2）拟定显著水平 α（α 常取 0.05），取自由度为 $n-2$，得 F 临界值 F_α。

（3）进行判断：当 $F \leqslant F_\alpha$ 时，认为 x 与 y 之间在 α 显著水平下存在线性统计关系，检验通过，所建回归模型有效；当 $F > F_\alpha$ 时，认为 x 与 y 之间在 α 显著水平下不存在线性统计关系，所建回归模型无效。

4）随机性检验

随机性检验，即为杜宾-瓦特森（Durbin-Watson）检验，又称为序列相关检验，是指同一变量前后期之间的相关关系。对于一元线性回归模型

$$y_i = a + bx_i + \varepsilon_i$$

ε_i 为随机误差项，回归模型的统计特征有一个假定，即 ε_i 是互不相关的，如果这个假定不满足，就称 ε_i 是相关的，即存在序列相关，反之，ε_i 是独立的，不存在序列相关。

具体计算见式（8-7）。

（1）DW 值的计算。

$$DW = \frac{\sum_{i=1}^{n}(\varepsilon_i - \varepsilon_{i-1})^2}{\sum_{i=1}^{n}\varepsilon_i^2} \qquad (8-7)$$

（2）拟定显著水平 α，查取在样本个数为 n，变量个数 $m=1$ 时的临界值 d_u, d_l。检验判别见表 8-1。

表 8-1 DW 检验判别表

DW 值	检验结果
$(4-d_l) \leqslant DW < 4$	否定假设，与负序列相关
$0 \leqslant DW < d_l$，$0 \leqslant DW < d_u$	否定假设，与正序列相关
$d_u < DW \leqslant (4-d_u)$	接受假设，无序列相关
$(4-d_u) \leqslant DW < (4-d_l)$	检验无结论

3. 回归模型的预测和置信区间的计算

模型经过以上的检验后，即可用于预测（点预测）。值得注意的是，由于回归模型是经过数理统计方法得到的，除了点预测外，还有区间预测。

（1）计算标准偏差（s）。

（2）确定置信区间。

在大样本（$n \geqslant 30$）时，如果置信度为 $100(1-\alpha)\%$，则置信区间为 $\left(\hat{y} - t_{\frac{\alpha}{2}} \cdot s, \hat{y} + t_{\frac{\alpha}{2}} \cdot s\right)$；

在小样本（$n < 30$）时，如果置信度为 $100(1-\alpha)\%$，则置信区间为：

$$\left(\hat{y} - t_{\frac{\alpha}{2}} \cdot c_0 \cdot s, \hat{y} + t_{\frac{\alpha}{2}} \cdot c_0 \cdot s\right)$$

这里，$t_{\frac{\alpha}{2}}$ 是在显著水平为 α、自由度为 $n-2$ 的 t 分布的 $\frac{\alpha}{2}$ 分位点。c_0 为修正系数：

$$c_0 = \sqrt{1 + \frac{1}{n} + \frac{(x_0 - \overline{x})^2}{\sum_{i=1}^{n}(x_i - \overline{x})^2}} \qquad (8-8)$$

利用手工计算回归模型时，过于烦琐，利用大型计算软件 MATLAB 建立回归模型较为简单，采用 regress 命令即可实现。regress 是多元线性回归，也可用于非线性的回归分析，命令及参数如下：

[b, bint, r, rint, stats] = regress（y, x, alpha）

其中：b 表示回归系数；bint 表示回归系数的区间估计，即置信度 $100(1-\alpha)\%$ 的置信区间;r 和 rint 表示残差及其置信区间;stats 是用于检验回归模型的统计量,有 4 个数值,第 1 个是 R^2,其中 R 是相关系数,第 2 个是 F 统计量值,第 3 个是与统计量 F 对应的概率 P,接近 0 越好,当 $P<\alpha$ 时,回归模型成立,第 4 个是方差估计;y 为因变量,x 为自变量;alpha 为显著性水平(缺省时为 0.05,即置信水平为 95%)。

【例 8-1】表 8-2 为某建筑物沉降量与荷载的数据,共计 16 个样本,当荷载为 166 kN 时,其沉降量为多少?

表 8-2 沉降量与荷载数据

荷载/kN	140	142	146	149	149	150	153	155	155	156	157	158	159	160	162	164
沉降量/mm	87	83	88	92	91	93	93	95	96	98	97	94	98	100	100	102

令 y 为沉降量,x 为荷载,本题要建立 y 与 x 的回归函数式,并绘散点图及回归式图。

MATLAB 操作如下:

x = [140 142 146 149 149 150 153 155 155 156 157 158 159 160 162 164]'   %矩阵转置
y = [87 83 88 92 91 93 93 95 96 98 97 94 98 100 100 102]'   %矩阵转置
x = [ones(16, 1), x]   %注意矩阵的构建
[b, bint, r, rint, stats] = regress(y, x)

得结果: b =   bint =

           -14.9894   -34.9006   4.9217
             0.7115   0.5819   0.8412

stats =   0.9082   138.5696   0   2.6377

即:常数项 $m = -14.9894$,一次项系数 $n = 0.7115$;m 的置信区间为[-34.9006, 4.9217],n 的置信区间为[0.5819, 0.8412];$r^2 = 0.9082$,$F = 138.5696$,$P = 0$。

$P<0.05$,回归模型 $y = m + nx$ 成立,代入,得:

$$y = -14.9894 + 0.7115x$$

当 $x = 166$ 时,代入 $y = -14.9894 + 0.7115x = 103$ (mm)。

散点图及回归图如图 8-1。

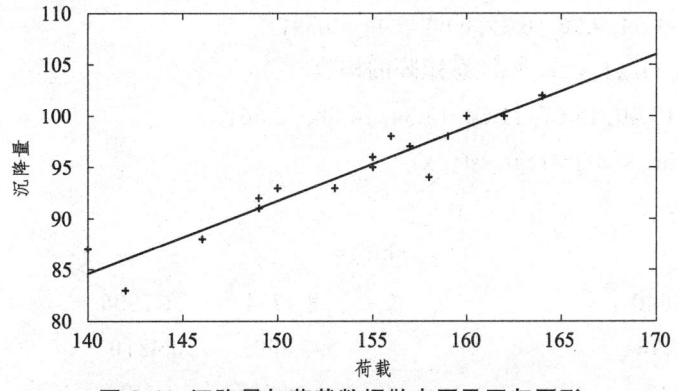

图 8-1 沉降量与荷载数据散点图及回归图形

8.1.2 多元线性回归

当观察对象受到的影响因素众多时，例如，一个坝体的位移量受到温度、压力等多因素影响，即，我们关心的对象受多个因素的影响时，如果这些因素与预测对象的关系近似呈现线性关系，则可建立多元线性回归模型来分析和解决问题。

多元线性回归模型为：

$$y = a + b_1 x_1 + b_2 x_2 + b_3 x_3 + \cdots + b_n x_n + \varepsilon \tag{8-9}$$

对于多元线性回归的理论这里不做过多的讲解，其与一元线性回归原理相近，但对于多元线性回归关系式的检验时还要进行 t 检验，t 检验主要是检验每一个自变量与因变量的线性关系是否显著。

【例 8-2】某坝体进行位移观测，为了预测坝体的最大位移量，选取了与位移量有关的水位和水的温度作为自变量，表 8-3 为历史年份的数据，求坝体最大位移量与水位及坝体温度的回归函数式，并绘出图形。

表 8-3 坝体观测数据

序号	坝体位移 y	坝体温度 x_1	水位 x_2
1	15.48	6.60	6.34
2	13.40	9.56	-1.34
3	15.67	7.78	9.56
4	11.64	12.45	-6.21
5	13.34	9.86	6.64
6	14.88	8.32	5.44
7	12.56	7.56	-0.34

MATLAB 操作如下：

x1 = [6.60, 9.56, 7.78, 12.45, 9.86, 8.32, 7.56]'

x2 = [6.34, -1.34, 9.56, -6.21, 6.64, 5.44, -0.34]'

x = [ones(7, 1), x1, x2]   %注意矩阵的构建

y = [15.48, 13.40, 15.67, 11.64, 13.34, 14.88, 12.56]'

[b, bint, r, rint, stats] = regress(y, x)

得结果：

b =   bint =

　　15.3640   　　8.9774   21.7506

　　-0.2296   　　-0.8903   0.4310

　　0.1836   　　-0.0455   0.4128

stats = 0.8014　　　8.0713　　　0.0394　　　0.6971

回归模型为 $y = 15.364\,0 - 0.229\,6x_1 + 0.183\,6x_2$。散点图和回归图见图 8-2。

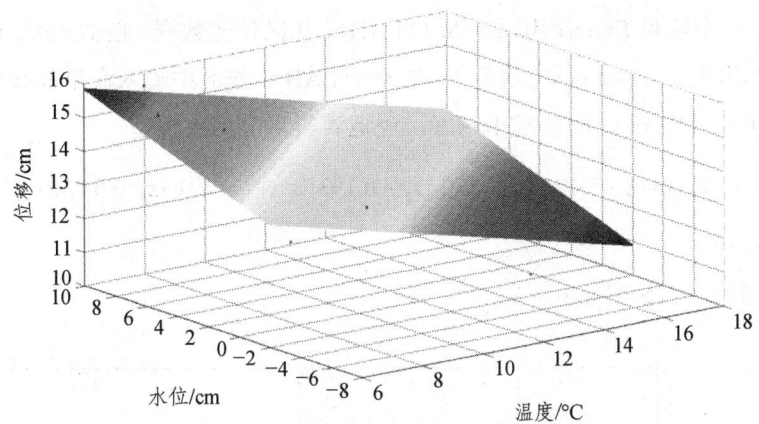

图 8-2　水位、温度、位移散点图及回归图形

8.1.3　多元二项式回归

在 MATLAB 软件里提供了一个多元二项式回归的命令 rstool，它产生一个交互式画面，并输出有关信息，用法是

rstool（x, y, model, alpha）

其中，alpha 为显著性水平（默认时为 0.05），model 可选择如下 4 个模型（用字符串输入，默认时为线性模型）。

（1）linear（线性）：$y = \beta_0 + \beta_1 x_1 + \cdots + \beta_m x_m$

（2）purequadratic（纯二次）：$y = \beta_0 + \beta_1 x_1 + \cdots + \beta_m x_m + \sum_{j=1}^{m} \beta_{jj} x_j^2$

（3）interaction（交叉）：$y = \beta_0 + \beta_1 x_1 + \cdots + \beta_m x_m + \sum_{1 \leq j < k \leq m} \beta_{jk} x_j x_k$

（4）quadratic（完全二次）：$y = \beta_0 + \beta_1 x_1 + \cdots + \beta_m x_m + \sum_{1 \leq j \leq k \leq m} \beta_{jk} x_j x_k$

注：在完全二次多项式回归中，二次项系数的排列次序是常数项、交叉项系数，最后是纯二次项的系数。

以例 8-2 数据为例，多元二项式回归方法如下：

x1 = [6.60, 9.56, 7.78, 12.45, 9.86, 8.32, 7.56]'

x2 = [6.34, -1.34, 9.56, -6.21, 6.64, 5.44, -0.34]'

y = [15.48, 13.40, 15.67, 11.64, 13.34, 14.88, 12.56]'

x = [x1, x2]

rstool(x, y, 'quadratic')

命令 rstool 产生一个交互式画面，画面中有两个图形，这两个图形分别给出一个独立变量 x_i（其他变量取固定值）与 y 的拟合曲线以及 y 的置信区间。图的左下方有两个下拉式菜单，一个菜单 Export 用以向 MATLAB 工作区传送数据，包括 beta（回归系数）、rmse（剩余标准差）、residuals（残差）。在 MATLAB 工作区中输入命令 beta, rmse 即可看到输入的值，其中 rmse 的值越小越好。经运算得完全二次模型：

$$y = -11.354\,8 + 5.401\,8x_1 + 2.071x_2 - 0.193\,7x_1x_2 - 0.291\,5x_1^2 - 0.030\,1x_2^2$$

其中 rmse = 0.195 9。

多元二项式回归如图 8-3。

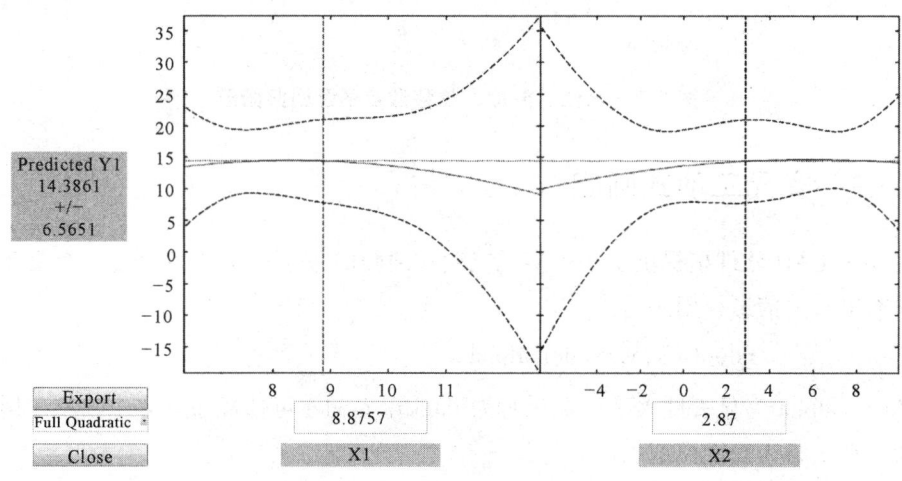

图 8-3　多元二项式回归

8.1.4　非线性回归

无论是在理论研究还是在实践中，线性方法都得到了广泛的应用。主要因为线性方法形式简便，计算方便，理论性质易于讨论，并且常常能够较好地解决所需处理的问题。然而，随着技术手段的发展和获得的信息增多，人们发现，在很多时候，采用线性方法无法取得令人满意的效果，其中主要的原因是自然界及人类社会中的现象是非常复杂的，现象之间内在联系往往不是线性的，而是错综复杂的非线性关系。大量事实也表明，非线性才是复杂现象的本质。怎样才能反映出变量之间的非线性关系呢，我们一般情况下将线性方法中一些较为完善的技术拓展到非线性建模中，这需要将原变量作变换，将原来的非线性关系转化为拟线性关系。

【例 8-3】 某坝体位移量和库水位及温度的统计数据如表 8-4，建立回归模型，预测平均水位 1 000 m、温度变化值为 6 °C 时的坝体位移量。

表 8-4 坝体观测数据

位移量/mm	106	75	80	70	50	65	90	100	115	60
库水位/m	1 100	700	1 200	600	400	400	1 500	1 100	1 300	300
温度/°C	5.5	7.4	6.2	6.3	7.8	6.7	6.5	4.4	4.3	8.9

解：从表 8-4 看出，坝体的位移、水位、温度变化量并不是简单的线性关系，我们选择二次模型进行回归，即

$$y = a_0 + a_1 x_1 + a_2 x_2 + a_{11} x_1^2 + a_{22} x_2^2$$

在这里，我们将 x_1 设为水位，x_2 设为温度变化量，求解 x_1^2，x_2^2 的值。即：经过转化后，本题变为有 4 个自变量的线性回归问题。

利用前节的线性回归方法，求解参数，得到回归函数式。

MATLAB 操作如下：

x1 = [11 22 27 30 26 29 14 19 22]'
x2 = [323.82 323.97 323.98 323.82 323.63 323.98 323.64 323.98 323.82]'
y = [5.1 5.5 5.69 5.38 5.06 6.14 2.92 2.08 3.6]'
x = [ones(9，1)　x1　x2　(x1.^2)　(x2.^2)];
[b, bint, r, rint, stats] = regress(y, x)

回归模型为：$y = 201.177\,8 + 0.072\,2 x_1 - 43.869\,9 x_2 - 0.000\,1 x_1^2 + 2.866\,7 x_2^2$

stats = 0.9275　　15.9981　　0.0047　　65.3245

8.2　神经网络

人工神经网络（Artificial Neural Networks，简写为 ANNS）是一种模仿动物神经网络行为特征，进行分布式并行信息处理的算法数学模型。这种网络依靠系统的复杂程度，通过调整内部大量节点之间相互连接的关系，从而达到处理信息的目的，并具有自学习和自适应的能力。神经网络能通过对已知样本的学习，掌握输入与输出间复杂的非线性映射关系，并对这种关系进行存储记忆。利用这种数学模型，可以预测未知信息，如在变形监测中监测点的变形量。神经网络有众多类型，如 BP 神经网络、径向基神经网络、自组织竞争神经网络、概率神经网络等等。神经网络有以下优点：① 要求对问题的了解较少；② 可对特征空间进行复杂的划分；③ 适于高速并行处理系统来实现。

8.2.1　人工神经元

人工神经元模型是生物神经元的模型和抽象。这里所说的抽象是从数学角度而言，

所谓模拟是以神经元的结构和功能而言的。图 8-4 为人工神经元模型。

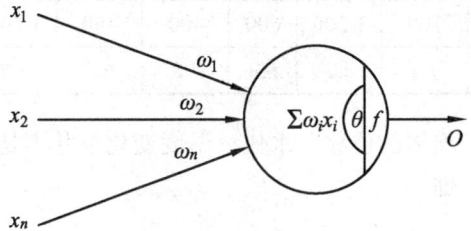

图 8-4 人工神经元模型

人工神经元相当于一个多输入单输出的非线性阈值器件，这里的 $x_1, x_2, \cdots, x_n$ 表示它有 n 个输入；$\omega_1, \omega_2, \cdots, \omega_n$ 表示与它相连的 n 个突触的连接强度，称其为权值；$\sum \omega_i x_i$ 称为激活值，表示这个人工神经元的输入总和；O 表示这个人工神经元的输出；θ 表示这个人工神经元的阈值。如果输入信号的 $\sum \omega_i x_i > \theta$，则人工神经元被激活，人工神经元的输出可描述为 $O = f(\sum \omega_i x_i - \theta)$，其中，$f(\ )$ 表示神经元输入-输出关系函数，称为激励函数或输出函数令 $\boldsymbol{W} = [\omega_1, \omega_2, \cdots, \omega_n]$，$\boldsymbol{X} = [x_1, x_2, \cdots, x_n]$，$\mathbf{net} = \boldsymbol{W}^\mathrm{T} \boldsymbol{X}$ 是权与输出的矢量积（标量），这样激活函数就可以写成 $f(\mathbf{net})$。阈值 θ 一般不是一个常数，它是随着神经元的兴奋程度而变化的。激活函数可归结为 3 种形式：阈值函数、Sigmoid 函数和分段线性函数。

1. 阈值函数

阈值函数（阶跃函数）定义为：

$$f(t) = \begin{cases} 1 & (t \geq 0) \\ 0 & (t < 0) \end{cases} \tag{8-10}$$

此时神经元的输出取 1 或 0，反映了神经元的兴奋或抑制。另外，符号函数 sgn(t) 常常作为神经元的激励函数如图 8-5。

$$\mathrm{sgn}(t) = \begin{cases} 1 & (t \geq 0) \\ -1 & (t < 0) \end{cases} \tag{8-11}$$

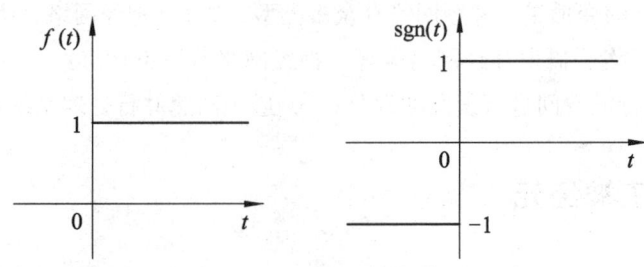

图 8-5 阈值激活函数图像

2. Sigmoid 函数

Sigmoid 函数也称 S 型函数,它是人工神经网络中最常用的函数。S 型函数的定义为:

$$f(t) = \frac{1}{1+e^{-\alpha t}} \tag{8-12}$$

其中,α 为函数的参数,α 的值不同会得到不同斜率的函数图像。如图 8-6。

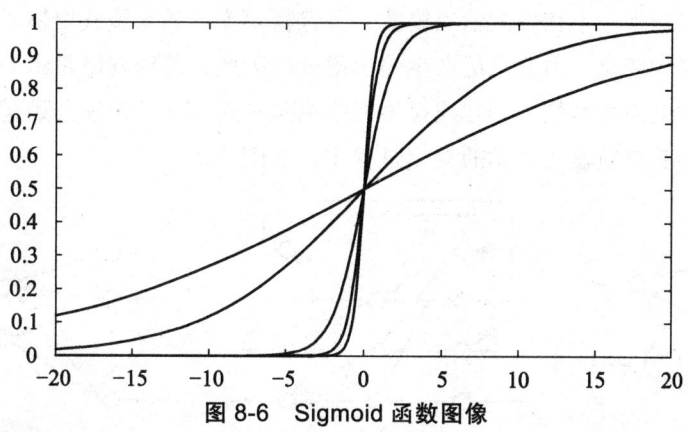

图 8-6　Sigmoid 函数图像

3. 分段线性函数

分段线性函数的定义为:

$$f(t) = \begin{cases} 1 & (t \geq 1) \\ t & (-1 < t < 1) \\ -1 & (t \leq -1) \end{cases} \tag{8-13}$$

该函数在线性区间[-1,1]内的放大系数是一致的,如图 8-7 所示,这种形式的激励函数可看作非线性放大器的近似。

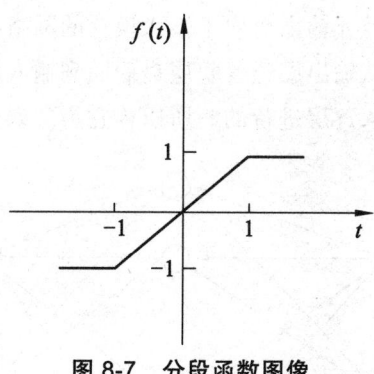

图 8-7　分段函数图像

8.2.2　人工神经元网络模型

根据神经元之间连接的拓扑结构不同,可将神经元分为分层网络和相互连接网络。

分层网络是将一个网络模型中的所有神经元按功能分为若干层，一般有输入层、中间层和输出层，各层顺序连接。输入层接受外部输入信号，并由各输入单元传送给相连接的中间层各单元。中间层是网络的内部处理单元层（又称隐含层），中间层可以有多层。输出层是网络输出运行结果的部分。分层网络可以分为3种互联形式：简单的前向网络、能够反馈的前向网络及层内有相互连接的前向网络。对于简单的前向网络，给定某一输入模式，网络能产生一个相应的输出模式，并保持不变。输入模式由输入层进入网络，经过隐含层的模式变化，由输出层产生输出模式。因此，前向网络是由分层网络逐层模式变换处理的方向而得名的。相互连接型网络由某一初始状态出发开始运行，在一段时间内网络处于不断更新输出状态的变化过程中。如图8-8。

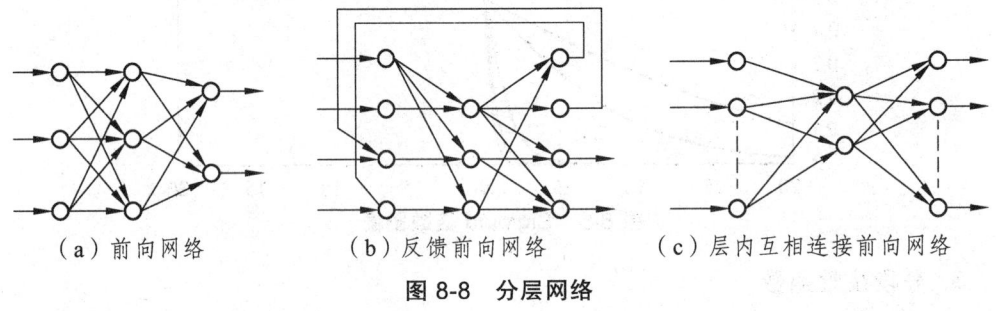

图 8-8　分层网络

8.2.3　BP 网络

BP 神经网络是一种具有 3 层或 3 层以上的多层神经网络，每一层都由若干个神经元组成（图 8-9）。它的左右各层之间各个神经元实现全连接，即左层的每一个神经元与右层的每一个神经元都有连接，而上下神经元之间无连接。BP 神经网络按有导师学习方式进行训练，当一对学习模式提供给网络后，其神经元的激活值将从输入层经各隐层向输出层传播，在输出层的各神经元输出对应于输入模式的网络响应。然后，按减少希望输出与实际输出误差的原则，从输出层经各隐层最后回到输入层逐层修正各连接权。由于这种修正过程是从输出到输入逐层进行的，所以称它为"误差逆传播算法"。

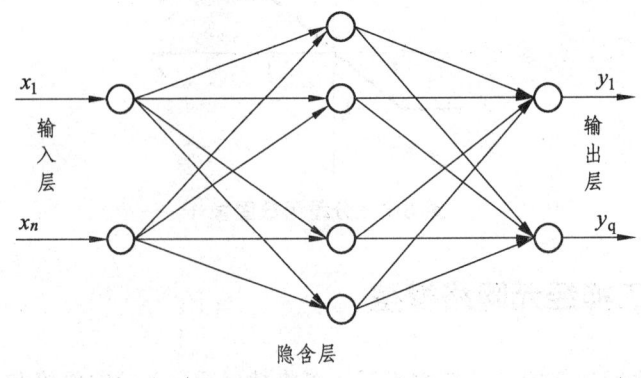

图 8-9　3 层 BP 神经网络

随着这种误差逆传播训练的不断进行，网络对输入模式响应的正确率也不断提高。
BP 神经网络解算问题分以下过程：

（1）确定参数。

① 确定输入向量 $\boldsymbol{X}$。

输入向量 $\boldsymbol{X} = [x_1, x_2, \cdots, x_n]^T$（$n$ 为输入层单元数）。

② 确定输出向量 $\boldsymbol{Y}$ 和希望输出向量 $\boldsymbol{O}$。

输出向量为 $\boldsymbol{Y} = [y_1, y_2, \cdots, y_q]^T$（$q$ 为输出层单元数）。

希望输出向量 $\boldsymbol{O} = [o_1, o_2, \cdots, o_q]^T$。

③ 确定隐含层输出向量 $\boldsymbol{B}$。

隐含层输出向量 $\boldsymbol{B} = [b_1, b_2, \cdots, b_p]^T$（$p$ 为隐含层单元数）。

④ 初始化输入层至隐含层的连接权值 $\boldsymbol{w}_j = [b_{j1}, b_{j2}, \cdots, b_{jn}]^T, j = 1, 2, \cdots, p$。

⑤ 初始化隐含层至输出层的连接权值 $\boldsymbol{v}_k = [v_{k1}, v_{k2}, \cdots, v_{kp}]^T, k = 1, 2, \cdots, q$。

（2）输入模式。

这一过程主要是利用输入模式求出它所对应的实际输出。

① 计算隐含层各神经元的激活值 s_j。

$$s_j = \sum_{i=1}^{n} w_{ji} x_i - \theta_j \quad (j = 1, 2, \cdots, p) \tag{8-14}$$

式中：w_{ji} 为输入层至隐含层的连接权；θ_j 为隐含层单元的阈值。

激活函数采用 S 型函数，即：

$$f(x) = \frac{1}{1 + \exp(-x)} \tag{8-15}$$

② 计算隐含层 j 单元的输出值。将上面的激活值代入激活函数中可得隐含层 j 单元的输出值：

$$b_j = f(s_j) = \frac{1}{1 + \exp[-\sum_{i=1}^{n} w_{ji} x_i + \theta_j]} \tag{8-16}$$

③ 计算输出层第 k 个单元的激活值 s_k：

$$s_k = \sum_{j=1}^{p} v_{kj} - \theta_k \tag{8-17}$$

式中：v_{kj} 为隐含层至输出层的权值；θ_k 为输出层单元的阈值。

④ 计算输出层第 k 个单元的实际输出值 y_k：

$$y_k = f(s_k) \quad (k = 1, 2, \cdots, q) \tag{8-18}$$

利用以上各式可计算出一个输入模式的顺传播过程。

（3）输出误差的拟传播。

在第（2）步的模式顺传播计算中我们得到了网络的实际输出值，当这些实际的输出值与希望的输出值相差超过期望值时，就要对网络进行校正。这里的校正是从后向前进行，计算时从输出层到隐含层，再从隐含层到输入层。

① 输出层的校正误差为：

$$d_k = (o_k - y_k)y_k(1 - y_k) \quad (k = 1, 2, \cdots, q) \tag{8-19}$$

式中：y_k 为实际输出；o_k 为希望输出。

② 隐含层各单元的校正误差为：

$$e_j = [v_{kj}d_k]b_j(1 - b_j) \tag{8-20}$$

③ 对于输出层至隐含层连接权和输出层阈值的校正量为：

$$\Delta v_{kj} = \alpha d_k b_j \tag{8-21}$$

$$\Delta \theta_k = \alpha d_k \tag{8-22}$$

式中：b_j 为隐含层 j 单元的输出；d_k 为输出层的校正误差；α 为学习系数。

④ 隐含层至输入层的校正量为：

$$\Delta w_{ji} = \beta e_j x_i \tag{8-23}$$

$$\Delta \theta = \beta e_j \tag{8-24}$$

式中：e_j 为隐含层 j 单元的校正误差；β 为学习系数。

【例 8-3】 矿层开采的采高、采深、倾角、硬度系数及地表最大下沉量，见表 8-5，利用 BP 网络建立预测模型。

表 8-5 矿层开采系数

编号	开采高度/m	开采深度/m	倾角/(°)	硬度	最大下沉量/m
1	3.2	225	4	5.5	2.094 8
2	2.5	120	41	5.5	1.320 7
3	3.78	113	38	5.5	2.085
4	0.96	157	41	5.5	0.507 2
5	0.9	160	12	3.0	0.704 3
6	1.44	168	11	3.0	1.130 8
7	2.15	197	22	3.0	1.594 8
8	1.26	173	38	3.0	0.794 3
9	1.2	42	16	5.5	0.815

续表

编号	开采高度/m	开采深度/m	倾角/(°)	硬度	最大下沉量/m
10	2	400	0	5.5	0.74
11	2.08	155	22	3.0	0.934 6
12	1.65	147	3	3.0	1.153 4
13	2.2	125	10	5.5	1.516 6
14	1.67	272	12	5.5	1.143 4
15	2	333	8	5.0	1.386 4

设

```
>> A = [3 22 5 4 5.5; 2.5 120 41   5.5;3.78 113   38   5.5; 0.96 157   41   5.5;  0.9  160
12  3.0;1.44 168   11 3.0; 2.15   197   22  3.0;1.26 173 38  3.0; 1.2  42   14  5.5; 2
400   0 5.5 ;2.08   155   22  3.0;1.65   147 3 3.0; 2.2 125   10 5.5; 1.67    272   12 5.5;
2 333     8 5.0]
>>B = [2.0948;1.3207;2.085;0.5072;0.7043;1.1308;1.5948;0.7943;0.815;0.74;0.9346;
1.1534;1.5166;1.1434;1.3864]
>>C = B.'
>>[A1, B1] = mapminmax(A); 数据归一化
>>[A2, B2] = mapminmax(C); 数据归一化
>>net = feedforwardnet(5, 'trainlm'); 建立含有5层隐含层的BP网络
 >>[net, tr] = train(net, A1, A2); 网络训练
>>P = [2; 333; 8;   5.0]
>>[P1, Q1] = mapminmax(P)
>>D = sim(net, P1);神经网络仿真函数
>>tt = mapminmax ('reverse', D, Q1)
>> 1.3864
```

我们利用训练好的网络将原有数据（2 333 8 5.0）代入，得到沉降量1.386 4 m，这与原来的沉降量相一致，可见预测的精度较高。

8.2.4 径向基网络（RBF）

神经网络是解决非线性关系的较好方法，能实现一个从输入到输出的功能，适合求解内部复杂的问题。BP网络在自学习能力、非线性映射能力、泛化能力、容错能力上存在自身的优点，但权值的调节采用的是负梯度下降法，不一定能够找到全局的最优解。径向基函数神经网络（RBF）能克服局部极小值，能以任意精度逼近任意连续函数。

RBF 是具有单隐层的三层前馈网络：输入层由信号源节点构成，对输入信息不进行变换。第二层为隐含层，节点个数视需要，其作用函数大多选用高斯函数。第三层为输出层，它对输入做出响应，输出层神经元的作用函数为线性函数，对隐层神经元输出的信息进行加权后输出，见图 8-10。

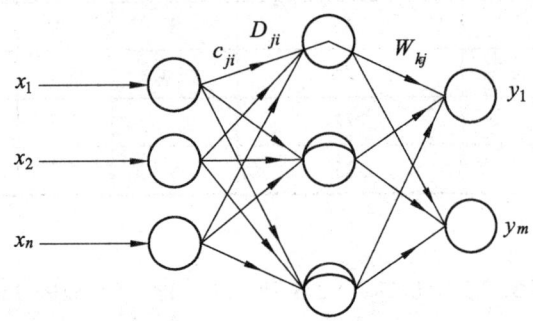

图 8-10　RBF 网络图

径向基函数神经网络的拓扑结构为简单的 3 层结构，即：输入层，隐含层，输出层。其各个参数的表达及计算方法如下：

（1）确定参数。

① 确定输入向量 X，其中 $X=[x_1,x_2,\cdots,x_n]^T$（n 为输入层的单元数）。

② 确定输出向量 $Y=[y_1,y_2,\cdots,y_q]^T$（q 为输入层的单元数）和希望输出向量 $O=[o_1,o_2,\cdots,o_q]^T$。

③ 初始化隐含层至输出层的连接权值 $W_k=[w_{k1},w_{k2},\cdots,w_{kp}]^T(k=1,2,\cdots,q)$。

④ 初始化隐含层各神经元的中心参数 $C_j=[c_{j1},c_{j2},\cdots,c_{jn}]^T$。

⑤ 初始化宽度向量 $D_j=[d_{j1},d_{j2},\cdots,d_{jn}]^T$。

$$d_{ji}=d_f\sqrt{\frac{1}{N}\sum_{k=1}^{N}(x_i^k-c_{ji})} \qquad (8\text{-}25)$$

（2）计算隐含层第 j 个神经元的输出值 z_j。

$$z_j=\exp\left(-\left\|\frac{X-C_j}{D_j}\right\|^2\right) \quad (j=1,2,\cdots,p) \qquad (8\text{-}26)$$

（3）计算输出层神经元的输出值 Y。

$$Y=[y_1,y_2,\cdots,y_q]^T \qquad (8\text{-}27)$$

$$y_k=\sum_{j=1}^{p}w_{kj}z_j \quad (k=1,2,\cdots,q)$$

式中 w_{kj} 为输出层第 k 个神经元与隐含层第 j 个神经元的权重。

（4）权重参数的迭代计算。

$$w_{kj}(t) = w_{kj}(t-1) - \eta \frac{\partial E}{\partial w_{kj}(t-1)} + \alpha[w_{kj}(t-1) - w_{kj}(t-2)] \quad (8\text{-}28)$$

$$c_{ji}(t) = c_{ji}(t-1) - \eta \frac{\partial E}{\partial c_{ji}(t-1)} + \alpha[c_{ji}(t-1) - c_{ji}(t-2)] \quad (8\text{-}29)$$

$$d_{ji}(t) = d_{ji}(t-1) - \eta \frac{\partial E}{\partial d_{ji}(t-1)} + \alpha[d_{ji}(t-1) - d_{ji}(t-2)] \quad (8\text{-}30)$$

式（8-28）中 $w_{kj}(t)$ 为第 k 个输出神经元与第 j 个隐含层神经元在第 t 次迭代计算时的调节权重；式（8-29）中 $c_{ji}(t)$ 为第 j 个隐含层神经元对应于与第 i 个输入神经元在第 t 次迭代计算时的中心分量；式（8-30）中 $d_{ji}(t)$ 为中心 $c_{ji}(t)$ 对应的宽度；η 为学习因子；E 为评价函数。其中：

$$E = \frac{1}{2}\sum_{l=1}^{N}\sum_{k=1}^{q}(y_{lk} - O_{lk})^2 \quad (8\text{-}31)$$

式中：O_{lk} 为第 k 个输出神经元在第 l 个输入样本时的期望输出值；y_{lk} 为第 k 个输出神经元在第 l 个输入样本时的网络输出值。

【例 8-4】 已知煤层的采高、采深、倾角、硬度系数及地表最大下沉量，见表 8-5，利用径向基网络建立预测模型。

将上述表格的 2 列到 6 列建立为 cj.txt 文本文件，方便调用

```
>>clc，clear
>>a = load('cj.txt');
>>a = a';
>>p = a([1:4], [1:end-1]);
[PN, PS1] = mapminmax(p); 自变量数据归一化
T = a(5, [1:end-1]);
[TN, PS2] = mapminmax(T);
net1 = newrb(PN, TN); 训练 RBF 网络
x = a([1:4], end);
xn = mapminmax('apply', x, PS1);
yn1 = sim(net1, xn);
y1 = mapminmax('reverse', yn1, PS2); 求预测值并还原数据
delta1 = abs(a(5, 10)-y1)/a(5, 10);
net2 = feedforwardnet(4);
net2 = train(net2, PN, TN);
yn2 = net2(xn);
y2 = mapminmax('reverse', yn2, PS2);
```

【思考题】

8-1 若给定一系列观测数据,怎样进行回归分析?

8-2 变形预测有哪些方法?

8-3 什么是人工神经网络?

第9章 基坑工程变形监测

9.1 概 述

随着我国城市化的发展，城市土地利用率的提高及高层建筑的逐渐增多，我国的基坑工程大规模发展。在许多大型的建筑中，基坑开挖深度已达到几十米，甚至更深，以此来扩大空间、维持建筑物的稳定。

自然界的土体千百年来在各种应力的作用下已达到平衡状态，基坑在开挖过程中，土体受到扰动，内部的应力必然由平衡状态转为不平衡状态，导致应力的重新分配，基坑的支护结构及周围土体必然发生位移变化。变形量如果超过允许范围，将导致基坑的失稳及破坏。因此，在基坑工程中，特别是深基坑的施工中采用实时监测是非常必要的。

9.1.1 基坑监测的目的

深基坑的开挖和支护过程中，一般要对基坑支护结构的应力变化和土体的变形进行监测，目的在于：

（1）保证基坑支护结构和邻近建筑物的安全，为合理制定保护措施提供依据。基坑开挖中，必将破坏原有的应力状态，这将影响到周围的建筑物、构筑物。应设法保证基坑支护结构和被支护土体的稳定性，避免和减少破坏性事故的发生，避免支护结构和被支护土体的过大变形导致邻近建筑物的倾斜、开裂和管线的破裂、渗漏等。

（2）检验设计所采取的各种假设和参数的正确性，及时修正与完善，指导基坑开挖和支护结构的施工。地下工程长期处于经验设计和经验施工的局面，土压力计算大多采用经典的公式。例如，朗肯土压力理论、库仑土压力理论等，由于其适用条件有限，因此与现场的实际土压力有差异。在基坑开挖和支护过程中进行施工监测，掌握应力和变形的实际量，并将土体和支护的动态信息及时反馈、修改支护系统设计，达到指导施工作业和管理的目的。

（3）积累工程经验，为提高基坑工程的设计和施工的整体水平提供依据。基坑的变形监测数据是应力从不平衡到平衡的外部表现,是支护结构和周围土体变形的反映,通过现场得到的监测数据可以较准确地验证建筑物、构筑物的稳定性,为同类项目积累宝贵经验。

9.1.2 基坑工程支护结构的类型

1. 地下连续墙

地下连续墙是在基坑四周浇注一定厚度的钢筋混凝土封闭墙体,它可以作为建筑物基础外墙结构,也可以是基坑的临时支护。地下连续墙不易透水、刚度大,能承受较大的竖向载荷及土压力、水压力等载荷。在基坑开挖前进行地下连续墙的施工,先在地面按建筑平面筑导墙,以防止表面泥土坍塌,利用挖槽或其他机械在泥浆护壁情形下开挖到设计深度,吊装钢筋笼置于槽段的墙内,浇注混凝土形成墙体。地下连续墙适用于各类土体,尤其对软土以及距相邻建筑物较近的工程,适合采用。地下连续墙支护效果好,适于各类环境,但接头处较难处理,其造价高、需要的设备较多。

2. 土钉支护

土钉支护是在基坑逐层开挖过程中利用机械在基坑两帮打钻孔,放入钢筋注浆并配合两帮喷射混凝土及钢筋网(混凝土一般采用 C20 面层)以将两帮的土体固定。土钉支护提高边坡整体稳定性及承受坡顶的载荷,强化受力土体。土钉支护性价比较高,由于利用土体的握裹力来束缚土钉钢筋以此对土体变形起约束作用,因此加固地区土体不应有水的侵蚀影响,否则影响加固的效果。

3. 深层搅拌水泥土墙

水泥土墙多用于饱和软土地基的加固,其以水泥作为固化剂,利用钻机等设备将水泥在地基深处和软土搅拌,逐渐提升钻头,形成具有一定强度和整体性的桩。其可以提高边坡的稳定性,防止地下水的渗透,工程造价低。

4. 钢板桩支护

在基坑范围线周围将钢板桩利用锤击或震动打入土层,作为基坑开挖的支护。其施工迅速,支护完毕即可进行基坑的开挖。钢板桩可以重复利用,但一次性投资较大,由于钢板桩刚度较小,顶部需要拉锚或坑内支撑。

5. 悬臂式支护

悬臂式支护指借助于挡土墙、灌注桩、型钢等自身刚度及埋深来承受土压力、水压力及上部荷载,以保持平衡和稳定而不需设支撑、拉锚的支护结构。其不需要坑内支撑及桩顶拉锚或锚杆,但为保证整体强度需要连接成圈梁。为保证其稳定,其悬臂部分不宜太深。

6. 土层锚杆（索）

利用锚索机械将土层锚杆（索）打入基坑两帮，一端与挡土墙、桩连接，另一端利用混凝土等与地基土体相连来稳定两帮的土体。土层锚杆（索）对一般的黏土、砂土均可应用，而在软土、淤泥土中握裹力较弱，需进行验证后再应用。

9.2 基坑工程变形监测的内容与方法

9.2.1 基坑工程监测内容

当前，基坑支护设计尚无成熟的理论、有效的方法来计算基坑周围的土体变形，在施工中通过变形监测的数据，来指导基坑的开挖和支护，以避免或减轻其所造成的破坏性后果。

基坑工程施工监测的对象主要为维护结构和周围环境两部分。维护结构包括维护桩墙、水平支撑、围檩和圈梁、立柱、坑底土层和坑内地下水等。周围环境包括周围建筑、地下管线等。根据《建筑基坑工程监测技术规范》（GB 50497—2009），监测对象根据不同等级的基坑包含不同的监测内容，具体见表9-1。对于应测项目，一般情况下监测频率按表9-2进行。基坑及支护结构监测报警值见表9-3。

表 9-1 基坑监测的内容

监测项目	基坑类别		
	一级	二级	三级
维护墙（边坡）顶水平位移	应测	应测	应测
维护墙（边坡）顶竖向位移	应测	应测	应测
深层水平位移	应测	应测	宜测
立柱竖向位移	应测	宜测	宜测
维护墙内力	宜测	可测	可测
支撑内力	应测	宜测	可测
立柱内力	可测	可测	可测
锚杆内力	应测	宜测	可测
土钉内力	宜测	可测	可测
坑底隆起（回弹）	宜测	可测	可测
维护墙侧向土压力	宜测	可测	可测
孔隙水压力	宜测	可测	可测
地下水位	应测	应测	应测

续表

监测项目		基坑类别		
		一级	二级	三级
土体分层竖向位移		宜测	可测	可测
周边地表竖向位移		应测	应测	宜测
周边建筑	竖向位移	应测	应测	应测
	倾斜	应测	宜测	可测
	水平位移	应测	宜测	可测
周边建筑、地表裂缝		应测	应测	应测
周边管线变形		应测	应测	应测

注：应测表示在正常情形下均应测量；宜测表示条件许可时首先应测量；可测表示在一定条件下可以测量。

表 9-2 基坑开挖后的监测频率

基坑类别	施工进程	基坑设计深度/m			
		≤5	5~10	10~15	>15
一级	开挖深度/m ≤5	1次/1 d	1次/2 d	1次/2 d	1次/2 d
	5~10	—	1次/1 d	1次/1 d	1次/1 d
	>10	—	—	2次/1 d	2次/1 d
二级	开挖深度/m ≤5	1次/2 d	1次/2 d	—	—
	5~10	—	1次/1 d	—	—

注：当支护结构开始拆除到完成后 3 d 监测频率为 1 次/1 d；当基坑类别为三级时，监测频率可适当降低；宜测、可测项目监测频率可适当降低。

表 9-3 基坑及支护结构监测报警值

序号	监测项目	支护结构类型	基坑类别					
			一级			二级		
			累计值		变化速率/(mm/d)	累计值		变化速率/(mm/d)
			绝对值/mm	相对基坑深度 h 控制值		绝对值/mm	相对基坑深度 h 控制值	
1	维护墙(边坡)顶水平位移	放坡、土钉墙、锚喷支护、水泥土墙	30~35	0.3%~0.4%	5~10	50~60	0.6%~0.8%	10~15
		钢板桩、灌注桩、型钢水泥土墙、地下连续墙	25~30	0.2%~0.3%	2~3	40~50	0.5%~0.7%	4~6

三级		
累计值		变化速率/(mm/d)
绝对值/mm	相对基坑深度 h 控制值	
70~80	0.8%~1.0%	15~20
60~70	0.6%~0.8%	8~10

续表

序号	监测项目	支护结构类型	基坑类别 一级 累计值 绝对值/mm	一级 累计值 相对基坑深度h控制值	一级 变化速率/(mm/d)	二级 累计值 绝对值/mm	二级 累计值 相对基坑深度h控制值	二级 变化速率/(mm/d)	三级 累计值 绝对值/mm	三级 累计值 相对基坑深度h控制值	三级 变化速率/(mm/d)
2	维护墙（边坡）顶竖向位移	放坡、土钉墙、锚喷支护、水泥土墙	20~40	0.3%~0.4%	3~5	50~60	0.6%~0.8%	5~8	70~80	0.8%~1.0%	8~10
		钢板桩、灌注桩、型钢水泥土墙、地下连续墙	10~20	0.1%~0.2%	2~3	25~30	0.3%~0.5%	3~4	35~40	0.5%~0.6%	4~5
3	深层水平位移	水泥土墙	30~35	0.3%~0.4%	5~10	50~60	0.6%~0.8%	10~15	70~80	0.8%~1.0%	15~20
		钢板桩	50~60	0.6%~0.7%	2~3	80~85	0.6%~0.7%	4~6	90~00	0.9%~1.0%	8~10
		灌注桩	45~50	0.4%~0.5%	2~3	70~75	0.7%~0.8%	4~6	70~80	0.8%~0.9%	8~10
		型钢水泥土墙	45~55	0.5%~0.6%	2~3	75~80	0.7%~0.8%	4~6	80~90	0.9%~1.0%	8~10
		地下连续墙	40~50	0.4%~0.5%	2~3	70~75	0.7%~0.8%	4~6	80~90	0.9%~1.0%	8~10
4	立柱竖向位移		25~35		2~3	35~45		4~6	55~65		8~10
5	基坑周边地表竖向位移		25~35		2~3	50~60		4~6	60~80		8~10
6	坑底回弹		25~35		2~3	50~60		4~6	60~80		8~10
7	土压力		(60%~70%)f_1			(70%~80%)f_1			(80%~90%)f_1		
8	孔隙水压力										
9	支撑内力		(60%~70%)f_2			(60%~70%)f_2			(60%~70%)f_2		
10	墙体内力										
11	锚杆拉力										
12	立柱内力										

其中：h 为基坑设计开挖深度；f_1 为荷载设计值，f_2 为构件承载能力设计值。

注：符合下列条件的为一级基坑。

119

(1) 重要工程或支护结构做主体结构的一部分。
(2) 开挖深度大于 10 m。
(3) 与邻近建筑物、重要设施的距离在开挖深度以内的基坑。
(4) 基坑范围内有历史文物、近代优秀建筑、重要管线等需严加保护的基坑。

二级基坑为开挖深度小于 7 m，周围环境无特别要求的基坑，除此之外为三级基坑。

9.2.2 基坑工程监测方法

1. 现场观察

现场观察指不借助于任何量测仪器，由有一定工程经验的监测人员用肉眼凭经验获得对判断基坑稳定和环境安全性的有用信息。

观察围护结构和支撑体系的施工质量、围护体系是否渗漏水及其渗漏水的位置和多少、施工条件的改变情况、坑边荷载的变化、管道渗漏和施工用水的不适当排放以及降雨等气候条件等对基坑稳定和环境安全性关系密切的信息。同时需密切注意基坑周围的地面裂缝、围护结构和支撑体系的工作失常情况、邻近建筑物和构筑物的裂缝、流水或局部管涌现象等工程隐患，以便发现隐患苗头及时处理，尽量减少工程事故的发生。

2. 维护桩墙顶沉降和水平位移监测

基坑维护桩体的沉降观测主要利用精密水准测量。首先埋设基准点。基准点埋设在变形区以外稳定的原状土层内，或将标志镶嵌在裸露基岩上，也可以利用稳固的建（构）筑物，设立墙水准点。当受条件限制时，在变形区内也可埋设深层钢管标或双金属标。每个工程至少应有 3 个基准点。工作基点的埋设，应选在比较稳定且方便使用的位置，设立在大型工程施工区域内的水平位移监测工作基点宜采用带有强制归心装置的观测墩，垂直位移监测工作基点可采用钢管标。对通视条件较好的小型工程，可不设立工作基点，在基准点上直接测定变形观测点。变形观测点应设立在能反映监测体变形特征的位置或监测断面上。测量时，由工作基点或基准点起经过各监测点布设成附和水准路线或者闭合水准路线。

水平位移监测有极坐标法、前方交会法、视准线法等多种，也可以利用 GPS 来进行监测。由于基坑的开挖大多数为规则图形，因此采用视准线法较方便。

3. 深层水平位移监测

深层水平位移指基坑维护桩墙和土体在不同深度上的水平位移，通常采用测斜仪测量。

根据位移值绘制桩体水平位移-时间的变化曲线，以及桩体水平位移随开挖深度的变化曲线图。在基坑横断面图上，以一定的比例把水平位移值点画在测点位置上，并以连线的形式将各点连接起来，形成土体水平位移分布状态图。

4. 基坑回弹监测

基坑开挖后，由于上覆载荷的减少，必然引起坑底和周围一定影响范围内土体的变形，称为回弹。回弹超过一定量将影响基坑和周围建筑物。回弹量的测量可利用回弹监测标或深层监测标来观测。回弹监测标的使用方法如下：

（1）利用钻机钻孔，钻杆的直径与回弹监测标相适应。下钻，深度达到设计标高以下 200 mm，提钻。将回弹监测标利用反扣的锁接头与钻杆相连接，缓慢下到孔底，压入孔底土 400～500 mm，将回弹监测标留入孔内，提钻。

（2）放入辅助测杆，进行水准测量，确定回弹监测标的高程。回弹的监测不少于 3 次，首先在基坑开挖前测量初值，然后在基坑完工后进行高程测量，第三次为浇注混凝土之前高程测量。如考虑分期卸载的回弹量可进行多次测量。当基坑挖完至基础施工的间隔时间较长时，也应适当增加监测次数。

5. 支护结构内力监测

基坑开挖过程中支护结构内力变化可通过在结构内部或表面安装应变计或应力计进行量测。采用钢筋混凝土材料制作的维护支挡构件，宜采用钢筋应力计或混凝土应变计进行量测；对于钢结构支撑，宜采用轴力计进行量测。围护墙、桩及围檩等内力量测宜在围护墙、桩钢筋制作时，在主筋上焊接钢筋应力计的预埋方法进行量测。支护结构内力监测值应考虑温度变化的影响，对钢筋混凝土支撑应考虑混凝土收缩、徐变以及裂缝的影响。

6. 土压力与空隙水压力监测

土压力是基坑支护结构周围的土体传递给维护结构的压力。压力的测量通常采用在量测的位置上埋设压力传感器进行。土压力传感器俗称土压力盒。土压力盒由两片不锈钢通过焊接连接在一起，钢片之间是空心腔，腔内注满油。压力腔通过不锈钢管与传感器相连形成一个密闭的液压系统，压力转化为电信号，通过读数仪和数据采集系统读取压力值。

7. 孔隙水压力监测

利用孔隙水压力计来测量。利用钻孔埋设在土层中，钻孔埋设时采用砂料填充。孔隙水压力量测的结果可用于固结计算和土体的稳定性分析，在打桩、预压法地基加固的施工进度控制等地表沉降的控制中具有重要作用。

8. 环境监测

1）邻近建筑物监测

建筑物的监测主要是其裂缝、沉降、倾斜等。监测点的位置除了要考虑测点的密度外，应埋设在建筑物不同变化点处，如楼角、转角、沉降缝、抗震缝、构造柱、层数变化处、地基相对薄弱处等。

2）管线监测

邻近管线的监测要根据管线的材料、长度等来设置测点，要考虑管线的重要性及用途。对于接头处一般要设置沉降监测点。测点直接固定在管道上，方便测量。

3）道路及地表监测

基坑开挖过程中必会导致周边道路及地表的沉降，为掌握其变形情况，掌握该区域道路的稳定性，了解基坑施工对周边道路的影响，进行监测。

一般情形下，基准点与工作基点和建筑物沉降共用。为保护测点不受碾压影响，道路及地表沉降测点标志采用窨井测点形式，采用人工开挖或钻具成孔的方式进行埋设，要求穿透硬质路面，测点加保护盖，孔径不得小于 150 mm，如图 9-1 所示。

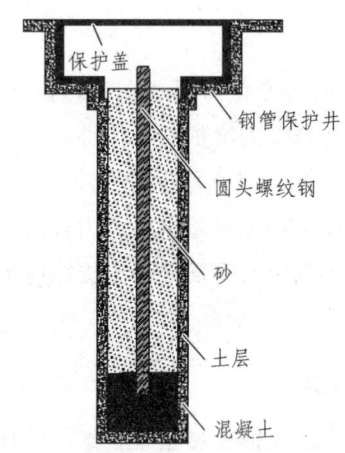

图 9-1　道路、地表测点埋设形式图

4）地下水监测

地下水位的变化对基坑支护结构的稳定性有很大的影响，外界降水或地表水强补给引起的地下水位快速上升，对支护结构产生压力将增大；地下水位明显下降时，可能在基坑某位置产生渗漏，这些对工程施工将产生不利的影响。地下水一般通过布置一定数量的监测井进行监测，监测井内安装带滤网的硬塑料管，利用水位计监测。每隔 3 至 5 天监测 1 次，当发现基坑侧壁明显渗漏或坑底产生大量涌水等异常现象时，应提高观测次数。

5）裂缝观察

基坑周边裂缝的观测，是了解基坑开挖对周边环境影响的一种方法，裂缝的快速增多和纵深发展往往是事故发生的预兆。对裂缝的观测，可在裂缝两端设置石膏薄片，使其与裂缝两侧牢固黏结，当裂缝裂开或加大时，石膏片也裂开，监测时可测定其裂缝的大小和变化。

9.3 基坑工程监测资料及报告

9.3.1 监测数据整理

基坑监测内容较多，应设计不同的观测记录表格。对于观测到的或异常情况应予以记录。监测成果是施工调整的依据，因此对外业监测数据采取一定的方法进行处理，以便向工程建设、监理提交日报表或监测报告。监测报表的形式一般有当日报表、周报表、阶段报表。报表中尽可能配备图形或曲线，便于工程施工管理人员的工作。报表中体现的是原始数据，不得更改涂抹。日报表形式见表9-4。

表9-4　水平位移和竖向位移监测日报表

工程名称：				报表编号：				测试时间：	
观测者：				计算者：				校核者：	
监测点号	水平位移				竖向位移				备注
	本次测试值/mm	单次变化/mm	累计变化量/mm	变化速率/(mm/d)	本次测试值/mm	单次变化/mm	累计变化量/mm	变化速率/(mm/d)	
工况				当日监测的简要分析及判断性结论					
工程负责人：				监测单位：					

9.3.2 变形监测成果的整理

1. 基准点、工作基点的稳定性分析

变形监测中，工作基点及基准点的稳定性极为重要。当工作基点或基准点确实存在位移时，必须对由它们确定的位移值或高程值施加改正数。

2. 观测资料的整编

当对所测变形值施加工作基点或基准点位移或高程改正数后，为了使这些成果便于分析，通常将变形观测值绘成各种图表，例如：监测点变形过程线、建筑物变形分布图等。

3. 变形值的统计规律及成因分析

根据实测变形值整编的表格和图形，可显示变形趋势、规律、幅度，据此来分析其成因。

9.3.3 监测报告

监测工程完工后需提交监测报告,监测报告包括以下几部分:
(1)工程概况。
(2)监测内容和控制指标。
(3)仪器设备和测量方案。
(4)变形观测数据处理分析和预报成果资料。
(5)变形过程和变形分布图表。
(6)监测成果的评价、结论及建议。

9.4 基坑工程监测实例

9.4.1 工程概况

某基坑(如图 9-2)范围 8 300 m^2,基坑开挖深度为 13.1 m。基坑为一级,基坑维护结构采用桩锚支护和复合土钉墙结合的方式进行支护。该基坑北临一条主路,南侧有 3 栋住宅楼,西侧两栋住宅楼,东邻 1 栋住宅楼。为了保证基坑的施工安全,在基坑施工阶段进行变形监测,及时掌握工程动态变化。

9.4.2 监测内容和测点布置

1. 监测内容

根据《建筑基坑工程监测技术规范》的规定,基坑工程现场仪器监测项目的选择应在充分考虑工程水文地质条件、基坑工程安全等级、支护结构的特点及变形控制要求的基础上,考虑到该工程的特点,确定的监测项目如下:
(1)围护墙顶水平位移、垂直位移监测。
(2)周边建筑物沉降监测。
(3)周围道路沉降监测。
(4)周边地表沉降监测。
(5)围护墙体测斜。
(6)地下水位监测。
(7)锚索内力监测。
(8)裂缝监测。

2. 测点布置

各监测点如图 9-2 所示。

（1）围护墙。将顶端画"十"字的圆头钢筋埋入维护墙冠梁中，用混凝土固定，确保测点牢稳，共计埋入 18 个监测点，分别标记为 N1～N18。监测点间距小于 20 m，每边监测点数目不应少于 3 个。

（2）建筑物。邻近基坑的建筑物四角、中部，分别布置沉降监测点，布点同时要考虑到方便以后的水准观测。监测点采用圆头钢筋埋入建筑物内。南侧建筑物埋设 16 个监测点，编号 S1～S16。西侧建筑物埋设 10 个监测点，编号 W1～W10。东侧建筑物埋设 4 个监测点，编号 E1～E4。

（3）道路、地表。沉降监测点间距 25～50 m，以长 80～100 cm 的圆头螺纹钢埋入，监测点的上部在地表以下。测点埋设稳固，做好标记以便保存。监测点处应平整，防止由于高低不平影响人员及车辆通行，道路、地表监测点分别 6 个、4 个，编号分别为 L1～L6，D1～D4。

（4）围护墙体测斜。利用测斜管进行深层水平位移监测，基坑的周围共埋设测斜管 10 个。沿基坑边每边布设钻孔，将测斜管连接好，底部和端部密封，调整测斜管导槽至合适方位，安置在钻孔中，钻孔回填使用干沙，注意对测斜管进行保护。

（5）地下水位。基坑周围布设监测孔进行水位监测，其深度一般低于拟降水位深度 0.5 m 以上。共布设 6 个监测孔，编号为 SW1～SW6。

（6）锚索内力。锚索的内力的监测点应选择在受力较大且有代表性的位置，基坑每边中部和地质条件复杂区段布置监测点。本项目共布设 6 个测点，编号为 M1～M6。其中基坑南北面各埋设 2 个，东西面各埋设 1 个。

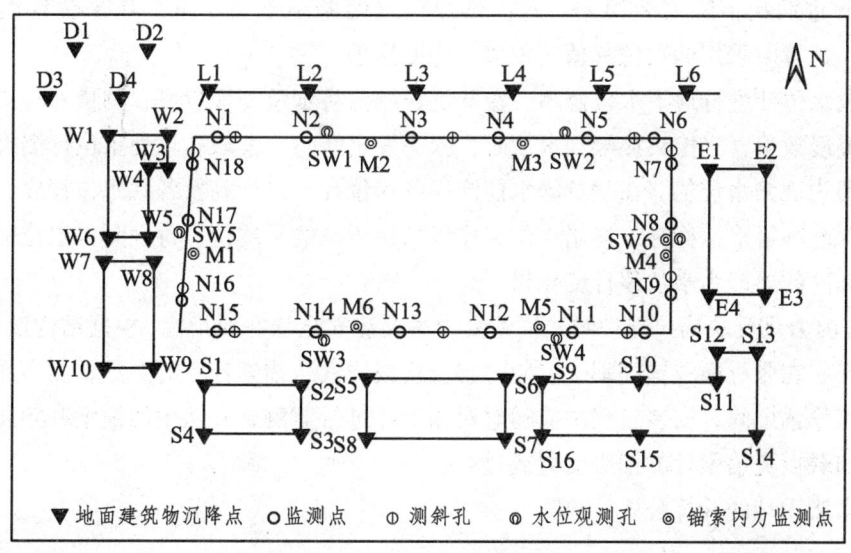

图 9-2 基坑平面布置图

9.4.3 监测、计算方法

（1）桩顶水平位移监测利用 LEICA 全站仪（其测角精度为 1″），利用基准线法进行观测。即沿基坑的周边工作基点建立一条轴线，以轴线基准，在工作基点上架设仪器，严格对中整平，分别测出各个监测点相对后视的夹角，通过测量监测点与轴线间的小角变化，得到监测点垂直于轴线方向的位移来反映边坡的变形。角度观测采用一测回，距离采用两次测距取平均值。设观测监测点的角度差值为 $\Delta\beta$，设站点到监测点距离均值为 L，从而得到监测点的位移量：

$$\Delta = \Delta\beta \times L / \rho$$

桩顶垂直位移监测要从基准点引入高程（高程可假设），利用 DS_{05}（0.5 mm/km），固定测站、人员、仪器等进行闭合线路测量，一定时间要检查基准点的稳定性（联测基准点）。根据规范要满足相邻变形点高差中误差及测站高差中误差的要求。上次高程减去本次高程为本次沉降量，初始高程减各次高程为累积沉降量。

（2）周围建筑物沉降监测按照国家二等水准测量规范要求观测，监测方法、计算同桩顶垂直位移监测。

（3）周边道路及地表沉降按照国家二等水准测量规范要求观测，监测方法、计算同桩顶垂直位移监测。

（4）深层水平位移监测利用测斜仪。钻机打好钻孔，将测斜管埋入孔体内，测斜管长度超过基坑开挖深度 5 m。测斜管一般由塑料管或铝合金管制成。常用直径为 50～75 mm，长度每节 2～4 m，测斜管内有两对相互垂直的纵向导槽。测量时，测头导轮在导槽内可上下自由滑动。观测时注意带导轮的测斜探头严密安置在测斜管的导槽中，一般往复测量两次消除安装误差，每次读数位置误差小于 0.5 cm，水平位移误差小于 0.5 mm。计算时采用两次位移值的差值作为变形值。

（5）水位计进行地下水位监测，在基坑开挖前将水位管埋设好，测量时将水位计探头沿管缓慢放下，当探头接触到水面时，探头发出蜂鸣，读取孔口处水位计测尺上的读数 L_i，即为观测水位值。在基坑降水前测得各水位孔孔口标高及各孔水位深度，孔标高减水位深度即得水位标高，初始水位为连续二次测试的平均值。每次测得水位标高与初始水位标高的差即为水位累计变化量。

（6）内力是反映锚拉支护结构锚索受力情况和安全状态的指标，根据结构设计要求，锚索计安装在张拉端或锚固端，安装时钢铰线或锚索从锚索计中心穿过，测力计处于钢垫座和工作锚之间，安装过程中应随时对锚索计进行监测，并从中间锚索开始向周围锚索逐步加载以免锚索计的偏心受力或过载。

锚索测力计的计算公式：

$$P = K(F - F_0) + b(T - T_0) \tag{9-1}$$

式中 P——被测锚索荷载值（kN）；

　　　K——锚索测力计的最小读数（kN/kHz²）；

　　　F——实时测量的锚索测力计输出值（kHz²）；

　　　F_0——锚索测力计的基准值（kHz²）；

　　　b——锚索测力计的温度修正系数（kN/°C）；

　　　T——锚索测力计的温度实时测量值（°C）；

　　　T_0——锚索测力计的温度基准值（°C）。

9.4.4 监测数据分析

1. 水平位移、垂直位移监测

监测点的水平位移，这里规定监测点向基坑外侧移动为正，向基坑内侧移动为负，监测点的垂直位移以上升为正，下降为负。

桩顶水平位移利用视准线法共进行了 21 次观测，变形均在允许范围之内。表 9-5 为墙顶水平、垂直位移监测点变形值，图 9-3 为代表性基坑监测点 N13、N14 水平位移-时间关系曲线图。从表 9-5 可以得出，围护墙顶各监测点沉降变化规律基本相同，主要特征为：

（1）各水平位移监测点变化均为向基坑内位移，变形量小于 16 mm。

（2）各垂直位移监测点均以下降为主，变化量小于 12 mm。

（3）在整个监测过程中各点虽出现过上下波动现象，但各点均未出现报警。

（4）接近施工后期，即底板形成后各点变化趋于稳定。

表 9-5 围护墙顶水平、垂直位移监测点变形值

监测点号		N1	N2	N3	N4	N5	N6
最大累积变形量/mm	水平位移	-8.3	-14.0	-15.6	-14.5	-8.2	-7.9
	垂直位移	-5.71	-7.66	-8.71	-8.34	-8.14	-7.78
监测点号		N7	N8	N9	N10	N11	N12
最大累积变形量/mm	水平位移	-11.6	-10.8	-9.5	-10.1	-12.1	-11.9
	垂直位移	-9.52	-7.16	-11.48	-11.31	-9.31	-10.10
监测点号		N13	N14	N15	N16	N17	N18
最大累积变形量/mm	水平位移	-15.2	-13.7	-11.6	-10.4	-10.6	-9.1
	垂直位移	-9.95	-10.24	-8.84	-8.10	-9.13	-8.70

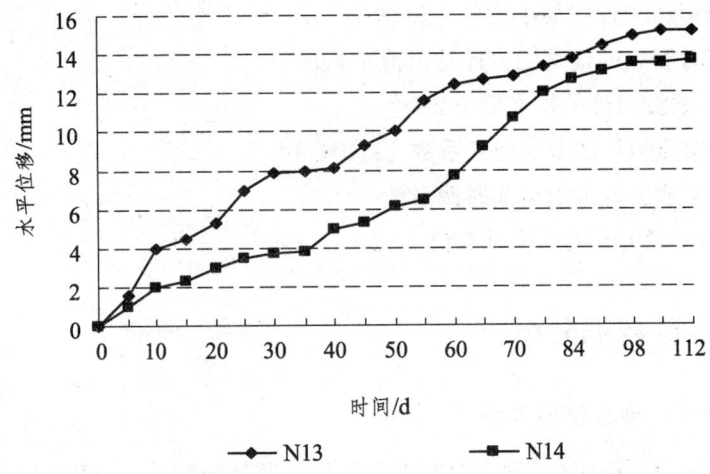

图 9-3 监测点 N13、N14 水平位移-时间关系曲线图

2. 周边建筑物沉降监测

建筑物的变形测量采用国家二等水准仪进行测量。周边建筑物沉降监测点的沉降，这里规定上升为正，下降为负。

建筑物沉降的变化规律，与基坑开挖深度、基坑距离远近、施工工况有密切关系：开挖深度越深，沉降量越大；距基坑越近，沉降量越大。

图 9-4 为监测点 S9 垂直位移变化曲线，可以看出：基坑开挖施工过程中，监测点变化曲线表现为沉降，且幅度较大，底板完成后，变化量变化较小，趋势走向平稳。表 9-6 为建筑物沉降监测点沉降值。

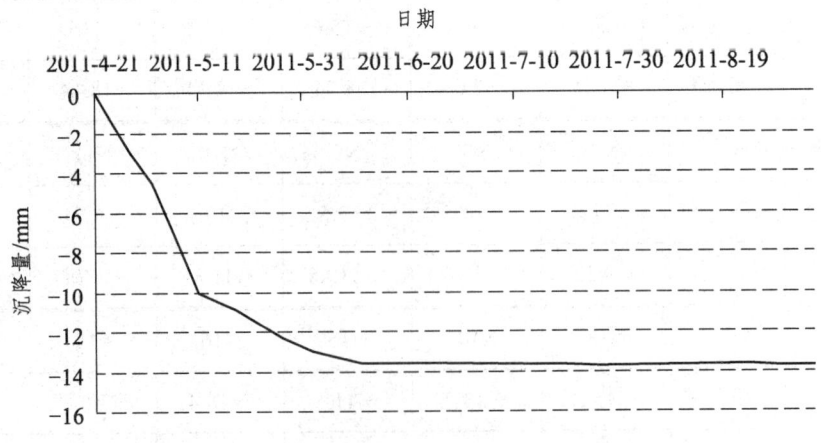

图 9-4 周边建筑物沉降监测点 S9 垂直位移变化曲线

表9-6 建筑物沉降监测点沉降值

监测点号	W1	W2	W3	W4	W5	W6	W7	W8	W9	W10
最大累积变形量/mm	-10.53	-13.25	-12.71	-11.03	-13.64	-10.72	-11.65	-13.66	-14.58	-12.89
监测点号	S1	S2	S3	S4	S5	S6	S7	S8	S9	S10
最大累积变形量/mm	-16.67	-17.37	-14.87	-14.22	-16.03	-17.07	-13.94	-14.02	-13.87	-13.65
监测点号	S11	S12	S13	S14	S15	S16	E1	E2	E3	E4
最大累积变形量/mm	-14.13	-13.78	-13.07	-12.90	-13.77	-13.21	-7.07	-6.11	-5.22	-8.22

注：建筑物局部倾斜小于0.002，建筑物未出现开裂等现象。

3. 周边道路、地表沉降监测

道路、地表监测点的数值符号规定上升值为正，下降值为负。6个道路沉降监测点下沉量累积量为 -13 ~ -15 mm，4个地表沉降监测点下沉量为 -12 ~ -15 mm。表9-7为道路沉降监测点沉降量，表9-8为地表沉降监测点沉降量。

表9-7 道路沉降监测点沉降量

点号	L1	L2	L3	L4	L5	L6
最大累积变形量/mm	-13.81	-13.11	-13.73	-14.34	-13.55	-14.67

表9-8 地表沉降监测点沉降量

点号	D1	D2	D3	D4
最大累积变形量/mm	-13.36	-12.41	-13.33	-14.51

图9-5为道路监测点L6垂直位移变化曲线。从图中可以看出：基坑开挖施工过程中，监测点变化曲线表现为沉降，且幅度较大，接近施工后期，即底板完成后，变化量变化较小，趋势走向平稳。

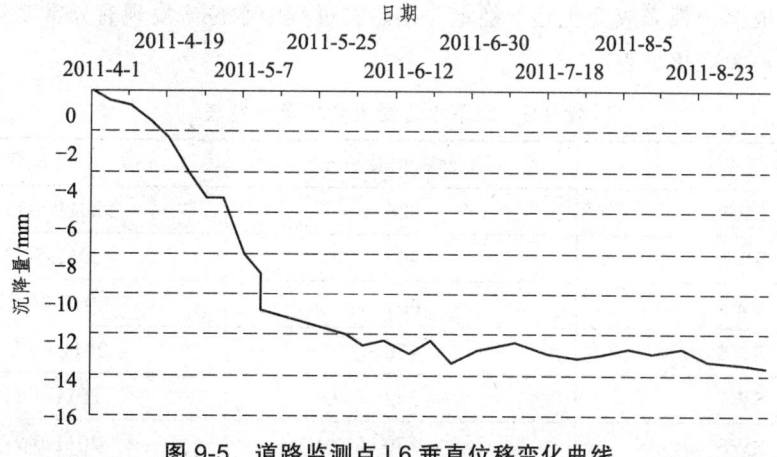

图9-5 道路监测点L6垂直位移变化曲线

4. 深层水平位移监测（测斜）

基坑的周围共埋设测斜管 10 个，保存完好。各测斜管因所处的位置及基坑取土的时间、进度等关系水平位移值有较大差别，其中 CX6 号测斜孔最大水平位移 14.96 mm，为最大。

图 9-6 为 CX9 号测斜孔时间-位移曲线，可以得出：基坑刚开始开挖时，CX9 监测孔变化较小，随着基坑的深度增加，CX9 监测孔变化曲线呈向基坑方向位移趋势。当底板浇筑完成时，最大变化为 +10.32 mm，深度在 -1.5 m，如 2011-4-21 期数据。基坑底板浇筑完成至顶板完成阶段，CX11 监测孔变形变化速率明显减小，至顶板完成最大变化为 +11.76 mm，深度在 -1.5 m。

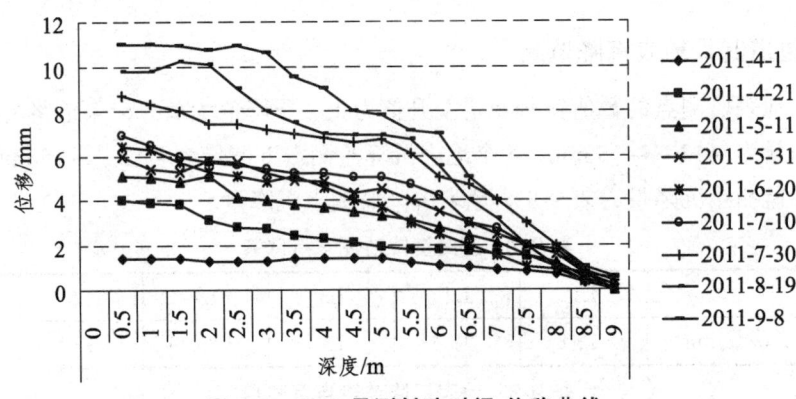

图 9-6　CX9 号测斜孔时间-位移曲线

5. 地下水位监测

在抽水影响半径内呈放射状布设 6 个测孔，编号为 SW1～SW6。测量时将水位计探头沿管缓慢放下，当探头接触到水面时，蜂鸣器响，读取孔口处水位计测尺上的读数 L_i，即为观测水位值。

本工程项目在基坑开挖前期水位变化表现为平稳；在开挖中期，水位变化表现为下降；底板完成至顶板完成变化趋于稳定。在监测过程中水位未发现有异常变化。表 9-9 为地下水位最大变化量表。

表 9-9　地下水位最大变化量一览表

监测点号	最大变化量/mm	出现日期
SW1	426	2011-5-13
SW2	442	2011-5-13
SW3	437	2011-06-21
SW4	476	2011-06-21
SW5	542	2011-6-17
SW6	570	2011-6-27

6. 锚索内力监测

基坑每边中部、阳角处和地质条件复杂区段宜布置监测点。本项目共布设 6 个测点，编号为 M1～M6。表 9-10 为锚索监测点的锚索内力监测值。

从图 9-7 锚索内力监测点内力变化曲线可以看出：基坑开挖施工过程中，监测点变化曲线表现为逐步上升趋势，这是由于土体的开挖，桩体受力逐渐增大，锚索应力也相应增加；底板完成后，变化量变化较小，趋势走向平稳。

表 9-10 锚索内力监测值

点号	最大拉力/kN	出现日期
M1	230.56	2011-7-6
M2	151.70	2011-7-11
M3	266.97	2011-7-5
M4	50.75	2011-7-5
M5	79.41	2011-6-20
M6	113.13	2011-7-6

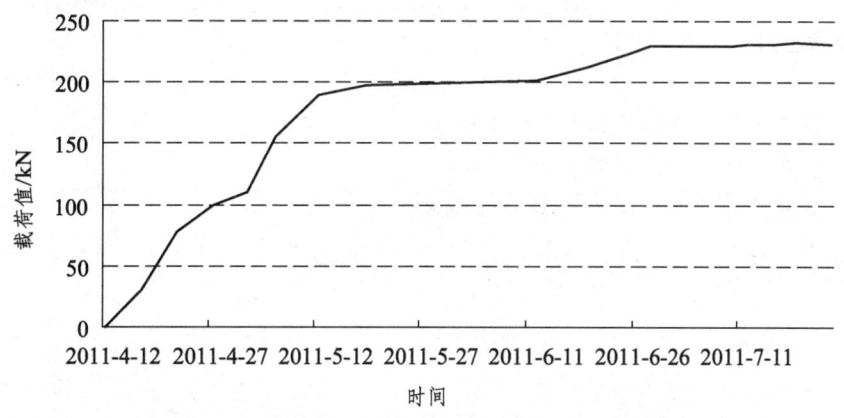

图 9-7 锚索内力监测点 M1 内力变化曲线图

7. 裂缝监测

基坑施工过程中基坑及周围建筑物未出现明显的裂缝。

9.4.5 结　论

通过近半年的施工，在业主、监理方、施工方的共同努力下，整个基坑施工得以顺利结束，也使相关单位圆满完成了本项工程监测任务。通过监测工作，及时掌握基坑施工中的动态信息，达到了信息化施工的目的。在这次监测工作过程中，取得了大量有用的信息。

（1）各观测项目数据变化范围如下：

① 围护墙顶水平位移：各水平位移监测点变化均为向基坑内侧移动，变形量小于 16 mm。

② 围护墙顶垂直位移：各垂直位移监测点均以下降为主，变化量小于 12 mm。

③ 周边建筑物沉降：沉降量小于 18 mm，大部分为 10~13 mm。建筑物未发生开裂。

④ 周边道路沉降：变化范围为 13.11~14.67 mm。

⑤ 周边地表沉降：变化范围为 12.41~14.51 mm。

⑥ 围护墙体测斜：CX6 孔最大累计变化量为 14.96 mm。

⑦ 地下水位：最大变化量为 570 mm，监测点号 SW6。

⑧ 锚索内力：最大累计变化量为 266.97 kN，出现在 M3 处。

（2）从基坑监测数据来看，监测的各项数据无超限；从各项监测项目表明基坑及周边环境处于安全范围，说明维护体系的作用有效，但不排除基坑维护体系持续变形的可能。本次监测工作按监测方案进行，方法有效、适当，较准确地反映了基坑和周边环境变形情况，所有资料真实准确、可靠。在监测期间所使用的检测仪器均正常工作，且在有效期内。

【思考题】

9-1 基坑工程监测的主要目的是什么？

9-2 基坑工程监测的主要内容有哪些？

9-3 基坑工程监测报告应包括哪些内容？

第10章 隧道施工监测

隧道施工监控量测就是在隧道开挖过程中,利用各种仪器设备和量测元件,对地表沉陷、围岩和支护结构的变形、应力和应变情况等进行量测。隧道施工中的量测工作是伴随着施工过程进行的,是新奥法构筑隧道中十分重要的部分,它通过实时的动态数据来反映围岩和支护结构的稳定性,为我们的决策提供有效数据,为工程安全的顺利进行提供保障。大量工程实践证明,在隧道施工同时开展量测工作,能使设计、施工达到更满意的效果,对提高工效、降低成本、保证安全均有非常重要的作用。

10.1 隧道结构的认识

隧道结构由主体建筑物和附属建筑物两部分组成。主体建筑物是为了保持岩体的稳定和行车安全而修建的人工建筑物,通常包括洞身衬砌和洞门构造物。洞身衬砌的纵、横断面形状由隧道的几何设计确定。在洞口易坍塌或有落石危险时往往需要接长洞身或修筑明洞。洞门的构造形式由多方面的因素决定,如岩体的稳定性、通风方式、照明状况、地形地貌以及环境条件等。附属建筑物是主体构造物以外的其他建筑物,是为了运营管理、维修、给水排水、供蓄发电、通风、照明、通信、安全等而修建的构造物。

10.1.1 洞身衬砌

目前,隧道衬砌大体分为锚喷式衬砌、复合式衬砌、装配式衬砌等,其适用于不同级别的围岩地段。

1. 锚喷式衬砌

锚喷式衬砌是以喷射混凝土、锚杆为主要支护手段,必要时配合使用钢筋网、钢架等,使围岩成为支护体系的一部分,其合理利用围岩的承载能力,它既能容许围岩有一定的变化,又能限制围岩产生过大变形,一般适用于Ⅰ、Ⅱ级围岩地段,如图10-1所示。

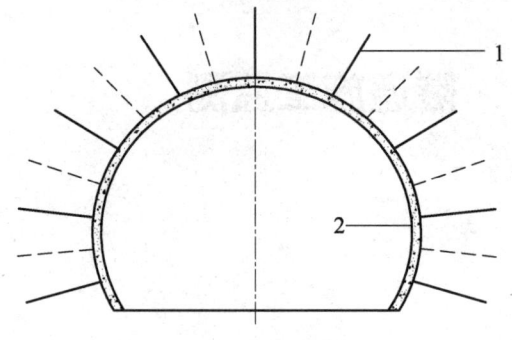

1—锚杆；2—喷混凝土。

图 10-1 锚喷式衬砌示意图

2. 复合式衬砌

初期衬砌以喷锚做支护，内衬采用整体式混凝土衬砌，这种衬砌方式已成为我国山岭隧道的主要形式，其适用于各类围岩，如图 10-2。

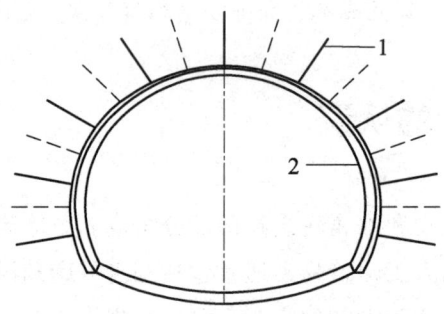

1—锚喷支护；2—模筑混凝土。

图 10-2 复合式衬砌示意图

3. 装配式衬砌

将衬砌分解为若干块构件，这些构件在现场或工厂预制，然后现场安装。装配式衬砌采用机械化施工，可减轻施工强度、提高施工速度。其适用于围岩稳定、地下水较少地段，如图 10-3。

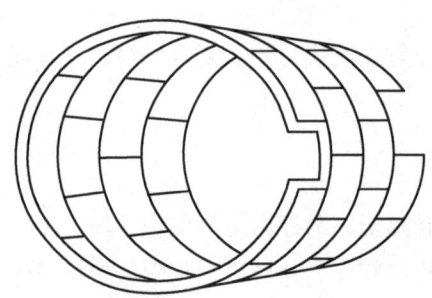

图 10-3 装配式衬砌示意图

10.1.2 洞　门

洞门（隧道门的简称），是隧道两端的外露部分，是隧道洞口用圬工砌筑用以保护洞口、排放流水并加以建筑装饰的支挡结构物。洞门是整个隧道结构的主要组成部分，也是隧道进出口的标志，可分为环框式洞门、端墙式洞门、翼墙式洞门、台阶式洞门、斜交式洞门等。

10.2 隧道施工概述

目前世界上主流的隧道施工方法，即新奥法，其全称为新奥地利隧道施工法（New Austrian Tunneling Method，NATM），是由奥地利学者拉布谢维茨（L.V.Rabcewicz）教授总结前人在隧道方面的大量实践经验的基础上于 1964 年提出的。这种方法不是单纯的施工方法，而是充分利用和调动围岩强度与自身承载能力，按围岩与支护共同作用原理制定的一套完整的地下工程设计、施工、支护、监测的新概念。按新奥法基本原则制定的施工方法和支护措施，能有效地适应和控制地下工程围岩的变形，有效地防止围岩的松动和冒落，提高施工质量，取得较好的技术经济效益。

10.2.1 新奥法的基本原则

1. 保持和调动围岩的强度，充分利用围岩自身的承载能力

传统的观点是将地下工程周围的岩体仅看作传递和产生荷载的介质，因此地下工程的稳定性主要取决于支护的承载能力。新奥法的基本观点是将地下工程的围岩不仅看作传递和承受荷载的介质，而且看作与支护结构构成的统一的、相互作用、相互支持的共同承载体。

2. 运用围岩-支护共同作用原理、岩体动态性质和岩体蠕变发展规律，提出两次支护理论

地下工程开挖后，围岩应力重新调整，在此阶段，围岩变形速度较大。为了能有效地控制围岩变形，防止围岩开裂和松动，新奥法要求在地下工程开挖初期应迅速采用能与围岩很好地密贴在一起、既能抑制围岩变形又允许围岩有一定变形的柔性支护结构，这时进行的支护称为初期支护或一次支护。柔性的一次支护通常采用锚喷支护，必要时增设金属网或可缩性金属支架或采用钢纤维喷射混凝土。一次支护后即对围岩位移状态及支护受力状况进行系统监测。通过观测，可以评价一次支护的质量，并根据实测资料及理论分析，合理设计二次支护的时间、方法、材料及结构形式。二次支护是在围岩位移速度趋于稳定时进行的永久支护，可采用现浇混凝土（或钢筋混凝土）、料石、复喷混凝土等形式。

3. 尽快使支护结构闭合

施工中应尽快使隧道闭合，成为筒形结构，以改善支护结构的受力性能。隧道断面尽可能圆顺，避免拐角应力集中。

4. 把监测作为必要手段，监测围岩位移及支护受力状态

新奥法强调在地下工程施工过程中，应进行系统的监测和现场观察，掌握围岩活动情况及其安全程度，再以各种量测数据为基础，指导二次支护工作，及时调整支护设计和适当改变施工顺序。

10.2.2 几种隧道施工方法

隧道掘进的方法，要根据现场的地质条件、施工条件、围岩级别、隧道埋深、隧道断面大小等进行选择，这里简单介绍几种隧道的施工方法。

1. 全断面开挖

全断面开挖，即将隧道按设计断面轮廓一次开挖成型的方法，见图10-4。此方法一般适用于围岩较好的Ⅰ～Ⅲ级围岩地层。其特点是工序简单，施工相互干扰相对较少，有利于采用大型配套机械化作业，提高施工速度。对围岩的扰动次数减少，对隧道的围岩稳定有利。

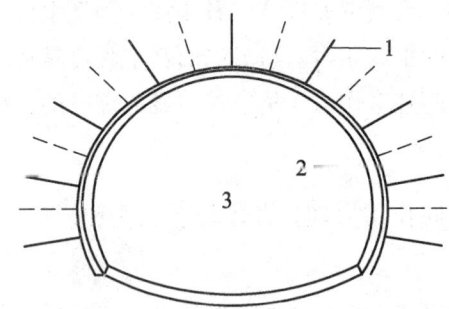

1—锚喷支护；2—模筑混凝土；3—全断面开挖。

图 10-4 全断面开挖示意图

2. 台阶法

台阶法施工就是将结构断面分成两个或几个部分，具有上下两个工作面或多个工作面分步开挖，见图10-5。其优点是灵活多变、适用性强，有足够的作业空间和较快的施工速度，能较早地使支护闭合，有利于开挖面的稳定和控制其结构变形及由此引起的地

面沉降。缺点是上下部作业互相干扰，应注意下部作业时对上部稳定性的影响，台阶开挖会增加对围岩的扰动次数等。台阶法视台阶的长短分为长台阶法、短台阶法、超短台阶法三种，如图10-5。

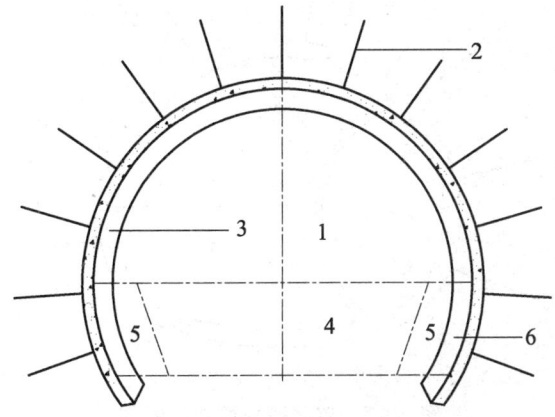

1—上半部开挖；2—拱部锚喷支护；3—拱部衬砌；4—下半部中央部开挖；
5—边墙部开挖；6—边墙锚喷支护及衬砌。

图 10-5 台阶法开挖示意图

3. 环形开挖留核心土法

环形开挖预留核心土法一般是将开挖面分成环形拱部、上部核心及下部台阶三部分，根据地质好坏将环形拱部断面分成一块或几块，先开挖上部导坑弧形断面留核心土平台，再开挖下部两侧边墙、中部核心土的隧道开挖方法，见图10-6。

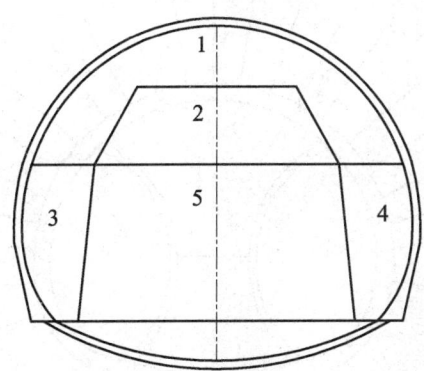

1—弧形导坑开挖；2—中部核心土开挖；3—左侧边墙开挖；
4—右侧边墙开挖；5—下部核心土开挖。

图 10-6 环形开挖留核心土法示意图

4. 单侧壁导坑法

单侧壁导坑法是指在隧道断面一侧先开挖一导坑，并始终超前一定距离，再开挖隧道断面剩余部分，变大跨断面为小跨断面的隧道开挖方法。单侧壁导坑法主要适用于地层较差、断面较大，采用台阶法开挖有困难的围岩地层，见图10-7。

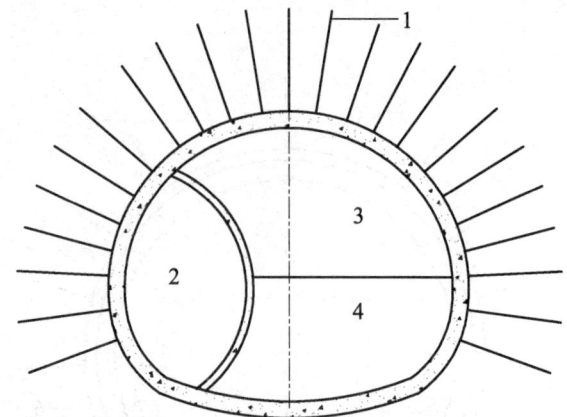

1—锚喷支护；2—侧壁导坑开挖；3—上台阶开挖；4—下台阶开挖。

图10-7　单侧壁导坑法示意图

5. 双侧壁导坑法

双侧壁导坑法是双侧壁导坑超前中间台阶法的简称，也称眼镜（睛）工法，是变大跨度为小跨度的施工方法。其以台阶法为基础，将隧道断面分成双侧壁导洞和上、下台阶四部分，将大跨度分成3个小跨度进行作业。该工法工序较复杂，导坑的支护拆除困难，成本较高，进度较慢。双侧壁导坑法主要适用于断面很大、地层较差的隧道和隧道的浅埋段、偏压段、洞口段，见图10-8。

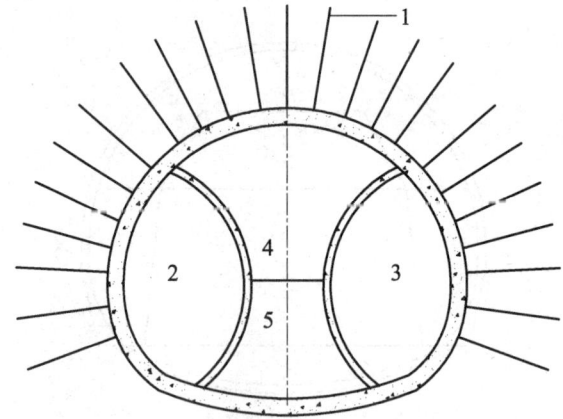

1—锚喷支护；2—左侧壁导坑开挖；3—右侧壁导坑开挖；
4—上台阶开挖；5—下台阶开挖。

图10-8　双侧壁导坑法示意图

6. CD法

CD法（Center Diaphragm），也称中隔墙法，是以台阶法为基础，先开挖隧道的一侧，并施作中隔壁，然后再开挖另一侧的施工方法，每一侧分成2层或多层台阶，每一部分开挖并支护后形成独立的闭合单元。中隔墙法主要适用于地层较差及不稳定岩体和隧道的浅埋段、偏压段和洞口段，见图10-9。

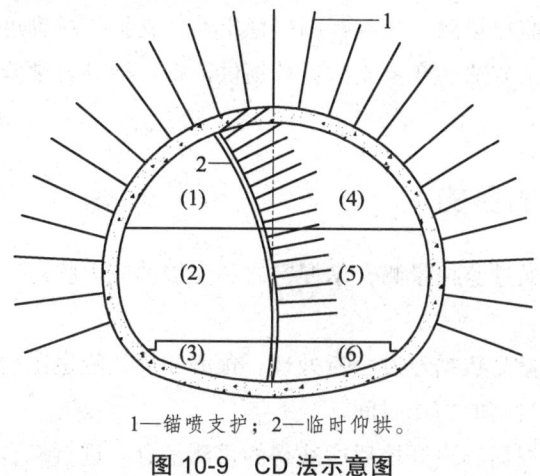

1—锚喷支护；2—临时仰拱。

图10-9　CD法示意图

7. CRD法

CRD法（Cross Diaphragm），也称交叉中隔墙法，是在软弱围岩大跨隧道中，先开挖隧道一侧的一部分或两部分，施作部分中隔壁和横隔板，再开挖隧道另一侧的一部分或两部分，完成横隔板施工，然后再开挖最先施工一侧的最后部分，并延长中隔壁，最后开挖剩余部分的施工方法，见图10-10。CD法与CRD法相似，它们都用于比较软弱的地层中而且是大断面隧道的场合。前者是用钢支撑和喷混凝土的隔壁分割开进行开挖的方法；后者则是用隔壁和仰拱把断面上下、左右分割闭合进行开挖的方法，是在地质条件要求分部断面及时封闭的条件下采用的方法。因此，CRD法与CD法唯一的区别是，在施工过程中的每一步，都要求用临时仰拱封闭断面。

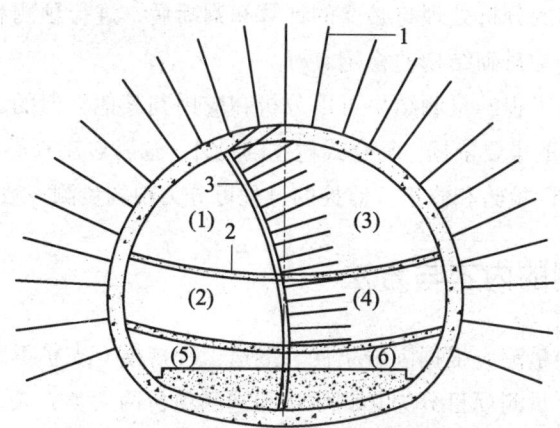

1—径向锚杆；2—临时仰拱；3—临时钢架。

图10-10　CRD法示意图

10.3 隧道监测的目的、任务与方法

隧道监控量测是信息化设计与施工的重要内容，是新奥法构筑隧道中十分重要的部分。通过施工现场的监控量测，为判断围岩稳定性、支护、衬砌可靠性，二次衬砌合理施作时间以及修改施工方法、变更支护设计提供依据，指导日常施工管理，确保施工安全和质量。

10.3.1 监测的目的

（1）确保安全：通过监控量测，掌握围岩和支护的应力状态，进行动态管理，根据量测信息，科学施工。

（2）指导施工：量测数据经过分析处理，预测和确认隧道围岩最终稳定时间，指导施工顺序和确定二次衬砌的施作时间。

（3）修正设计：根据隧道开挖后所获得的量测信息，进行综合分析，检验和修正施工预设计。

（4）积累资料：已有工程的量测结果可以间接地应用到其他类似工程中，作为设计和施工的参考资料。

10.3.2 监测的任务

（1）通过对围岩与支护的观察和动态量测，以合理安排隧道施工程序、日常施工管理、确保施工安全、修改设计参数和积累资料。

（2）通过对围岩与支护的变位、应力量测、掌握围岩和支护的动态信息并及时反馈、修改支护系统设计，指导施工作业和管理。

（3）经量测数据的分析处理与必要的计算和判断后，进行预测和反馈，以保证施工安全和隧道围岩及支护衬砌结构的稳定。

（4）对已有隧道工程的量测结果可以分析和应用到其他类似的工程中，作为指导复合式衬砌设计和施工的重要依据。复合式衬砌的设计，通常以工程类比法为主，并以现场监控量测进行工程实际检验和修正。监控的过程可分为现场量测—数据处理—信息反馈。

10.3.3 监测的内容与方法

隧道的现场监控量测应根据围岩条件、隧道工程规模、支护类型和施工方法来选择监测项目。现场监控量测项目分为必测项目和选测项目两大类，表 10-1 中为必测项目，表 10-2 为选测项目，应根据设计要求、隧道横断面形状和断面大小、埋深、围岩条件、周边环境条件、支护类型和参数、施工方法等综合选择。净空位移和拱顶下沉的量测频

率应根据位移速度及测点距开挖面的距离分别按表 10-3 和表 10-4 确定。由位移速度决定的监测频率和由测点距开挖面的距离决定的监测频率之中，原则上采用较高的频率值。表 10-5 为地表监测断面的纵向距离。

表 10-1 隧道现场监控量测必测项目

序号	项目名称	方法及工具	布置	量测间隔时间			
				1～15 d	16 d～<1 个月	1～3 个月	>3 个月
1	洞内、外观察	现场观测、地质罗盘等	开挖及初期支护后进行	每次爆破后进行			
2	周边位移	收敛仪	每 5～50 m 一个断面，每断面 2～3 个对测点	1～2 次/d	1 次/2 d	1～2 次/7 d	1～3 次/月
3	拱顶下沉	水准测量的方法，水准仪、钢尺等	每 5～50 m 一个断面	1～2 次/d	1 次/2 d	1～2 次/7 d	1～3 次/月
4	地表下沉	水准测量的方法，水准仪、钢尺等	洞口段、浅埋段（$h \leq 2b$）	开挖面距量测断面前后<2b，1～2 次/d；开挖面距量测断面前后<5b，1 次/(2～3) d；开挖面距量测断面前后>5b，1 次/(3～7) d			

注：b 为隧道开挖宽度，h 为隧道埋深。

表 10-2 隧道现场监控量测选测项目

序号	项目名称	方法及工具	布置	量测间隔时间			
				1～15 d	16 d～<1 个月	1～3 个月	>3 个月
1	钢架内力及外力	支柱压力计或测力计	每代表性地段 1～2 个断面，每断面钢支撑内力 3～7 个测点，或外力 1 对测力计	1～2 次/d	1 次/2 d	1～2 次/7 d	1～3 次/月
2	围岩体内位移（洞内设点）	洞内钻孔中安设单点、多点杆式或钢丝式位移计	每代表性地段 1～2 个断面，每个断面 3～7 个钻孔	1～2 次/d	1 次/2 d	1～2 次/7 d	1～3 次/月
3	围岩体内位移（地表设点）	地面钻孔中安设各类位移计	每代表性地段 1～2 个断面，每个断面 3～5 个钻孔	同地表下沉要求			
4	围岩压力	各种类型压力盒、锚杆应力计	每代表性地段 1～2 个断面，每断面 3～7 个测点	1～2 次/d	1 次/2 d	1～2 次/7 d	1～3 次/月
5	两层支护间压力	压力盒	每代表性地段 1～2 个断面，每断面 3～7 个测点	1～2 次/d	1 次/2 d	1～2 次/7 d	1～3 次/月

续表

序号	项目名称	方法及工具	布置	量测间隔时间			
				1~15 d	16 d~<1个月	1~3个月	>3个月
6	锚杆轴力	钢筋计、锚杆测力计	每代表性地段1~2个断面、每断面3~7锚杆(索)，每根锚杆2~4测点	1~2次/d	1次/2 d	1~2次/7 d	1~3次/月
7	支护、衬砌内应力	各类混凝土内应变计及表面应力解除法	每代表性地段1~2断面、每断面3~7个测点	1~2次/d	1次/2 d	1~2次/7 d	1~3次/月
8	围岩弹性波	各种声波仪及配套探头	在有代表性地段设置				
9	爆破震动	测振及配套传感器	临近建(构)筑物	随爆破进行			
10	渗水压力、水流量	渗压计、流量计					
11	地表下沉	准测量的方法，水准仪、铟钢尺等	洞口段、浅埋段（$h>2b$）	开挖面距量测断面前后<2b, 1~2次/d；开挖面距量测断面前后<5b, 1次/(2~3) d；开挖面距量测断面前后>5b, 1次/(3~7) d			

注：b 为隧道开挖宽度，h 为隧道埋深。

表10-3 净空位移和拱顶下沉的量测频率（按位移速度）

位移速度/(mm/d)	量测频率
≥5	2~3次/d
1~<5	1次/d
0.5~<1	1次/(2~3) d
0.2~<0.5	1次/3 d
<0.2	1次/(3~7) d

表10-4 净空位移和拱顶下沉的量测频率（按距开挖面距离）

量测断面距开挖面距离/m	量测频率
(0~1)b	2次/d
(>1~2)b	1次/d
(>2~5)b	1次/(2~3) d
>5b	1次/(3~7) d

注：b 为隧道开挖宽度。

表 10-5　地表沉降测点纵向距离

隧道埋深与开挖宽度	$2b<h<2.5b$	$b<h\leq 2b$	$h\leq b$
纵向测点间距/m	20～50	10～<20	5～<10

注：b 为隧道开挖宽度，h 为隧道埋深。

10.4　隧道监测项目实施

10.4.1　必测项目的监测

1. 洞内、外观察

主要是采用目测方法，掌握隧道围岩的岩性、不连续面、褶皱、变质带性质等及支护结构变形情况。对于工作面，观察其岩性，结构面产状，节理裂隙发育程度，断层的性质、产状，工作面自稳情况，涌水等。对于洞外，重点应在洞口段和洞身浅埋段，地表是否开裂、变形，地表水渗漏情况等，同时还应对地面建（构）筑物进行观察。

2. 拱顶下沉及周边位移监测

拱顶的下沉量及下沉速度的监测，可用来确定围岩的稳定性，判断支护效果，指导施工工序，预防拱顶崩塌，以保证施工质量和安全，工具主要利用水准仪、全站仪、钢尺、水准尺等，见图 10-11。

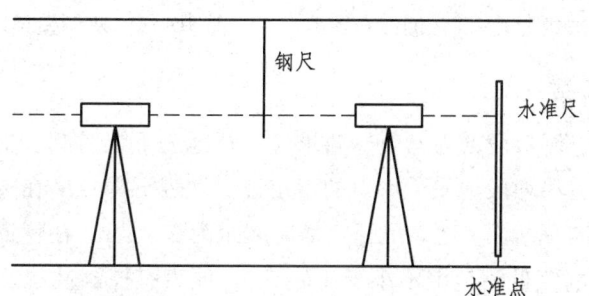

图 10-11　拱顶下沉测量示意图

周边位移是隧道围岩应力状态变化最直观的反映，通过周边位移量测可以判断隧道空间的稳定性。另外，根据周边围岩变化速度确定围岩稳定程度和二次衬砌施作的合理时机，以指导现场的施工。

围岩的收敛用收敛仪进行量测（见图 10-12）。在测线的布置上，全断面法设置一条水平测线，台阶法每个台阶设置一条测线，分部开挖法每部设置一条水平测线，偏压隧道或者小净间距隧道可加设斜向测线。具体布置见图 10-13～图 10-16。

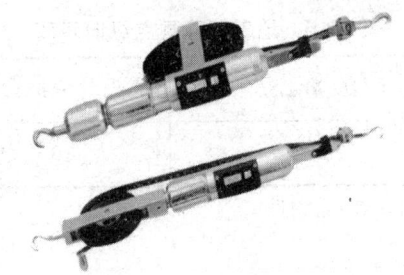

图 10-12 数显收敛仪

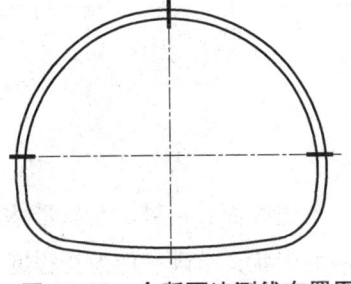

图 10-13 全断面法测线布置图

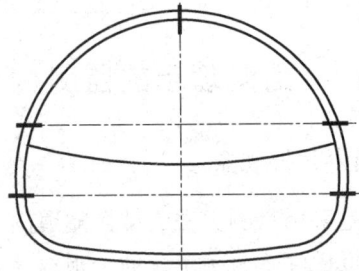

图 10-14 台阶法测线布置图

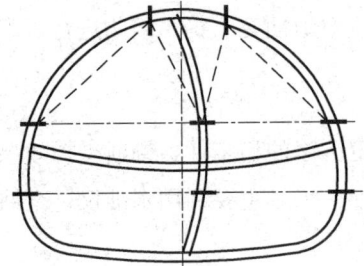

图 10-15 CD 法或者 CRD 法测线布置图

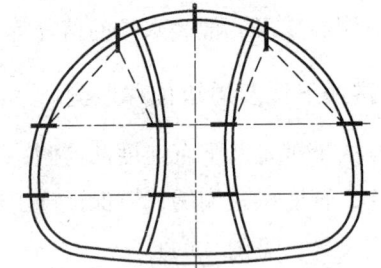

图 10-16 双侧壁导坑法测线布置图

3. 地表下沉监测

对于浅埋隧道、洞口段或者有特殊要求应进行地表下沉监测。主要利用水准仪、水准尺等工具监测隧道浅埋段地表、洞口的稳定性。地表沉降点应在隧道开挖前布设，与隧道内测点布置在同一断面。地表沉降点横向间距为 2~5 m，在隧道中线附近测点应适当加密，隧道中线两侧量测范围不小于 ($h+b$)。地表有控制性建筑物时，量测范围应适当加宽。其测点布置见图 10-17 所示。监测基准点应设置在地表沉降影响范围之外。

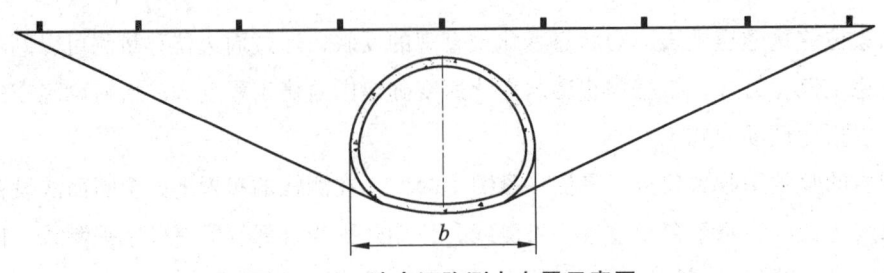

图 10-17 地表沉降测点布置示意图

10.4.2 选测项目的监测

1. 钢支撑内力监测

对钢支撑的应力量测，可了解钢支撑的实际工作状态，掌握在压力作用下钢支撑所具有的安全系数，以确定是否需要采用加固措施。拱架内力可采用钢筋计或表面应变计进行量测，在每代表性地段设置 1~2 个监测断面，每一监测断面宜布置 3~7 个量测位置，应布置在拱顶中央、拱腰及边墙处。对于型钢拱架，应变计应在拱架内外缘成对布设。对于格栅拱架，应选择格栅主筋直径相同的钢筋计，且尽量使钢筋计与钢筋轴线重合。

2. 围岩体内位移监测

围岩内部各点的位移是围岩动态的表现，它不仅反映了围岩内部的松弛程度，而且更能反映围岩松弛范围的大小。一般情况下用多点位移计（见图 10-18）量测松动区、弹性区的范围，根据实测结果优化锚杆参数。多点位移计工作原理如下，将多点位移计与钻孔紧密相连，岩层的移动能带动多点位移计上各测点一起移动。位移计上的各测点由内向外编号为 1、2、3……，其中 1 点为深入钻孔内最深点。岩体变形前各测点相对于孔口的读数为 S_{i0}，变形后第 n 次测量各测点相对于孔口的读数为 S_{in}，则测点 1 相对于孔口的总位移量 $D_1 = S_{1n} - S_{10}$，测点 2 相对于孔口的总位移量 $D_2 = S_{2n} - S_{20}$，测点 i 相对于孔口的总位移量 $D_i = S_{in} - S_{i0}$，于是测点 2 相对于测点 1 的位移量 $\Delta S_{2n} = D_2 - D_1$，测点 i 相对于测点 1 的位移量 $\Delta S_{in} = D_i - D_1$。当测点 1 的埋设深度愈大，其受开挖的影响就愈小，通过上式计算的各测点位移值愈接近其绝对位移量。

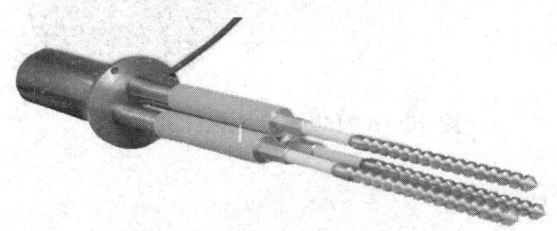

图 10-18 振弦式多点位移计

3. 围岩压力及两层支护间压力监测

隧道开挖后，围岩要向净空方向变形，而支护结构要阻止这种变形，这样就会产生围岩作用于支护结构上的围岩压力。围岩压力量测，通常情况下是指围岩与支护或喷层与二次衬砌混凝土间的接触压力的测试，以了解围岩压力的量值及分布状态；判断围岩和支护的稳定性，分析二次衬砌的安全程度。

接触压力量测可采用压力盒进行量测。接触压力量测每断面应有 3 至 7 个测点，布置在拱顶中央、拱腰及边墙处。压力盒埋设要求接触面紧密牢固，注意不要损坏压力盒和引线。

另外,围岩与初期支护间压力盒应在距开挖面1 m左右的范围内安设,并在工作面开挖后24 h内或下次开挖前测取初读数。两层支护间压力盒应在浇注混凝土前埋设,并在浇注后及时测取初读数。

4. 锚杆轴力监测

锚杆对隧道围岩起到加固补强作用。对其轴力的量测,来了解锚杆实际工作状态及轴向力,结合位移量测判断围岩发展趋势,分析围岩内强度下降区的界限,评价锚杆支护效果。

锚杆轴力可采用钢筋计、锚杆测力计进行测试。锚杆轴力量测宜在每代表性地段设置1~2个监测断面,每一监测断面布置3~8根量测锚杆,通常布置在拱顶中央、拱腰及边墙处,每一量测锚杆根据其长度及测量需要设3~6个测点。量测锚杆的安装及钻孔应按照设计锚杆的同等要求进行,钻孔轴线与设计方向一致,误差不超过5°,孔径比量测锚杆杆体直径大15 mm,钻孔深度不应小于设计锚杆杆体长度。量测锚杆埋设后应经过48 h才可进行第一次观测。图10-19为锚杆测力计。

图10-19　ML-100型锚杆测力计

5. 支护、衬砌内应力监测

其目的是:了解混凝土层的变形特性以及混凝土的应力状态;掌握喷层所受应力的大小,判断喷射混凝土层的稳定状况;判断支护结构长期使用的可靠性以及安全程度;检验二次衬砌设计的合理性。

6. 围岩弹性波测试

围岩弹性波速度测量是利用弹性波通过岩体传递后,其波速、波幅、波频均发生改变,因此,弹性波在岩体中的传播特征就反映了岩体的物理力学性质,如动弹性模量、岩体强度、完整性或破碎程度、密实度等。利用这个性质可以判别围岩的工程性质、岩体的结构特征,掌握松动圈范围、节理裂隙分布、变质程度、强度等。

10.5　隧道监测数据整理与分析

10.5.1　监测数据整理

监测数据整理的主要工作是对监测资料加以整理、编制成图表和说明，使它成为便于使用的成果。具体内容如下：

（1）校核各项原始记录，检查各次变形监测值的计算过程准确性。

（2）最终变形结果的计算。

（3）绘制各种变形过程线、建筑物变形分布图。

10.5.2　监测数据分析

监测数据分析是分析归纳被监测对象的变形过程、变形规律和变形幅度，分析变形的原因，变形值与引起变形因素之间的关系，并找出它们之间的函数关系式，进而判断被监测对象的情况是否正常。这一阶段的工作可分为：

（1）成因分析（定性分析）。对结构本身（内因）与作用在结构物上的载荷（外因）及监测本身，加以分析、考虑，确定变形值变化的原因和规律性。

（2）统计分析。根据成因分析，对实测数据进行统计分析，从中寻找规律，并导出变形值与引起变形的有关因素之间的函数关系。

（3）变形预报和安全判断。在成因分析和统计分析的基础上，可根据求得的变形值与引起变形因素之间的函数关系预报未来变形值的范围和判断建筑物的安全程度。

10.6　隧道工程监测实例

10.6.1　工程概况

某隧道为一座上、下分离的四车道高速公路长隧道。洞室净空 10.25 m × 5.0 m，左线长度 1 244 m；右线长度 1 248 m。该区处于中低山构造侵蚀-溶蚀峰丛-河谷地貌区。山体坡度峻陡，多大于 55°，河谷呈"V"字形。区内标高一般为 900 ~ 1 000 m，最大标高为 1 128 m，最低在隧道出口，标高 377 m，相对高差 751 m，隧道走向与山脊走向多近于平行。隧道附近的山体地层共发现断层 4 条；并且有 2 处岩溶异常区，隧道洞口为滑坡体，因而对隧道施工有较大影响，施工时必须加强监控量测及支护手段。

10.6.2 施工监测内容与方法

1. 监测的内容

（1）周边位移监测。
（2）拱顶下沉监测。
（3）地表下沉监测。
（4）围岩位移监测。
（5）围岩压力监测。
（6）喷层接触应力监测。

2. 监测断面及测点布置

量测断面应选在典型构造地段及埋深大或较浅地段。本书以左线 286 + 117 断面及左线 286 + 314.3 断面为例，其中左线 286 + 117 断面进行全断面开挖，着重讲述周边位移、拱顶下沉及地表下沉监测，左线 286 + 314.3 断面采用上下台阶法开挖，着重讲述围岩内部位移测量、围岩压力测量及初喷内应力测量。

1）周边位移监测

周边位移测量采用 JSS30A 型数显收敛仪观测，量测精度 0.01 mm。在图 10-20 中，A、B 两测点挂钩用钢筋做成闭合三角形，保证牢固不变形，并与嵌入围岩螺纹钢筋进行焊接，以保证每次量测为同一点。周边收敛值计算如公式（10-1）。

$$U_t = L_0 - L_t + X_{t1} - X_{t0} \tag{10-1}$$

式中　U_t——t 时刻周边收敛值；

　　　L_0——收敛仪的初始读数；

　　　L_t——收敛仪 t 时刻的读数；

　　　X_{t1}——t 时刻温度修正值；

　　　X_{t0}——初始时刻温度修正值。

2）拱顶下沉监测

拱顶下沉的测量利用水准仪（苏一光，精度 ± 1 mm）、水准尺及钢尺进行。拱顶监测点 C 同样采用闭合三角形状的钢筋以便挂钢尺（图 10-20）。设首次观测拱顶 C 点的高程为 H_{C0}，第 i 次观测 C 点的高程为 H_{Ci}，则第 i 次观测拱顶的沉降量为 $\Delta D = H_{C0} - H_{Ci}$。这里 $H_{Ci} = H_1 + a_i + k_i$（a_i 为后尺读数，k_i 为钢尺读数），其中 H_1 为后尺水准基点的高程（见图 10-21）。

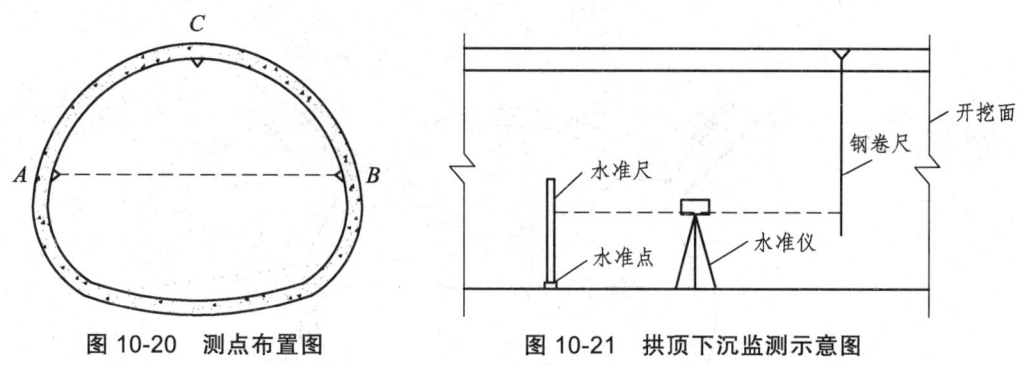

图 10-20 测点布置图   图 10-21 拱顶下沉监测示意图

3）地表下沉监测

左线 286+117 断面为破碎的浅埋地段，为防止冒顶塌方进行地表沉降观测。横向共计埋设 7 个监测点，其中测点 4 位于隧道中线附近，测点 1 和测点 7 位于隧道横向断面最外侧，基准点埋于 4~5 倍洞径处。在近 3 个月的观测中，4 点沉降量最大值为 6.1 mm，测点 1 和测点 7 沉降量最大值小于 2.5 mm，见图 10-22。

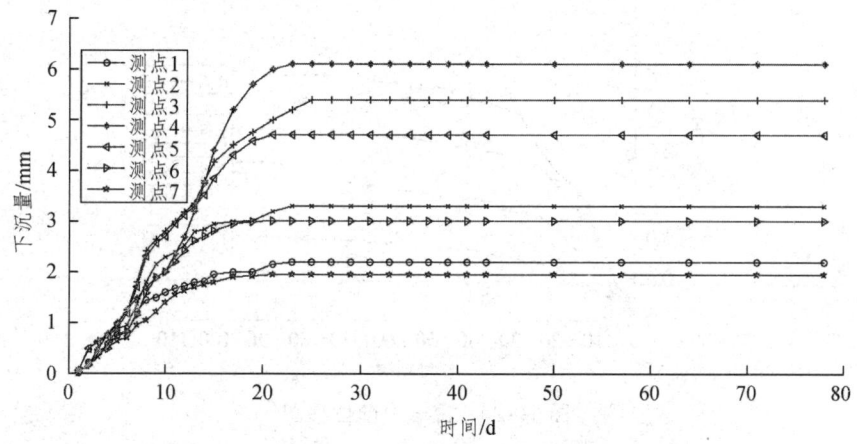

图 10-22 左线 286+117 断面测点地表沉降曲线图

4）围岩内部位移监测

左线 286+314.3 断面采用上下台阶法，在上台阶拱腰 B、C 处埋设 VWM 型振弦式多点位移计，见图 10-23。图 10-24 为测点 B 钻孔内各测点位移随时间变化曲线。其中 1 点位于围岩最深处距岩壁 3 m。通过图 10-24 看出，1 点位移最大值小于 1 mm，最外测点 4 约 3 mm。

5）围岩压力监测

左线 286+314.3 断面上台阶拱腰 B 点和 C 点处的围岩压力通过埋设锚杆测力计来测量（见图 10-23）。围岩压力变化趋势如图 10-25，围岩压力值在距工作面 4.5 m 处时开始测量。其中 B、C 两点随着工作面的推进变化趋势类似。距工作面 8 m 左右达到最大值，其中 C 点达到 62 kPa，B 点极值为 36 kPa，随着工作面的前移，围岩压力逐渐减小。

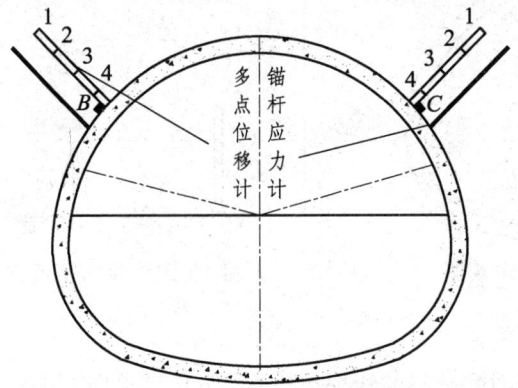

图 10-23　左线 286+314.3 断面测点埋设示意图

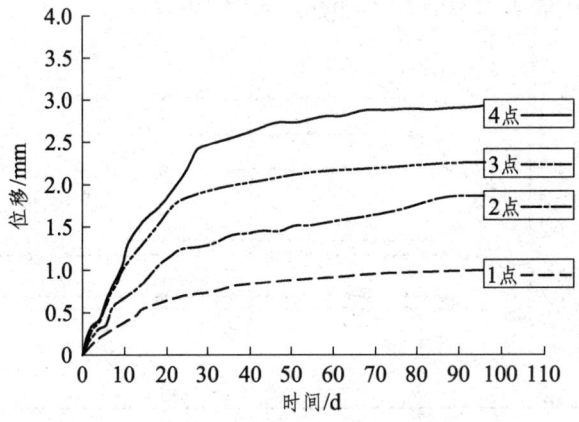

图 10-24　围岩内部位移图

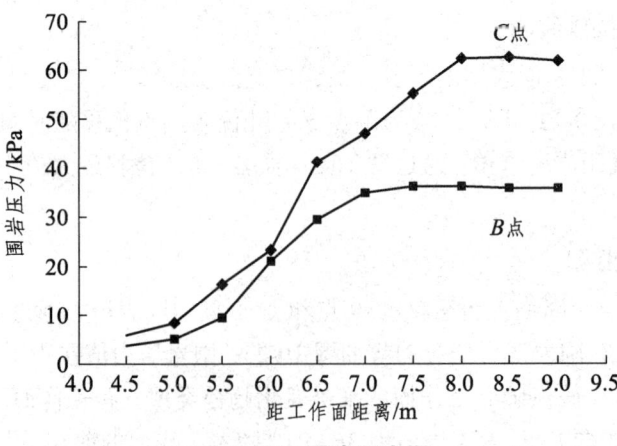

图 10-25　围岩压力图

6）初期支护与围岩之间应力监测

喷层应力的测量用来评判初期支护的承载效果及隧道的稳定性，分析接触应力的大小及变化规律。B、C 处的应力计安设在围岩与喷射混凝土之间，承压板紧贴岩面，利用频率计测量频率来计算喷层压力值。由图 10-26 可以看出，在安装喷层应力计并进行喷射混凝土初期支护后的初始时刻，接触应力接近于零值或呈负值，表示混凝土在尚未形成终凝强度前，围岩与喷层处于非挤压状态。随着工作面向前推进，喷层达到一定强度，使测点 B、C 的接触应力上升，B 点在第 81 天达到最大值，约 3 500 kPa，C 点在第 88 天达到最大值，约 1 560 kPa，偏压作用明显。

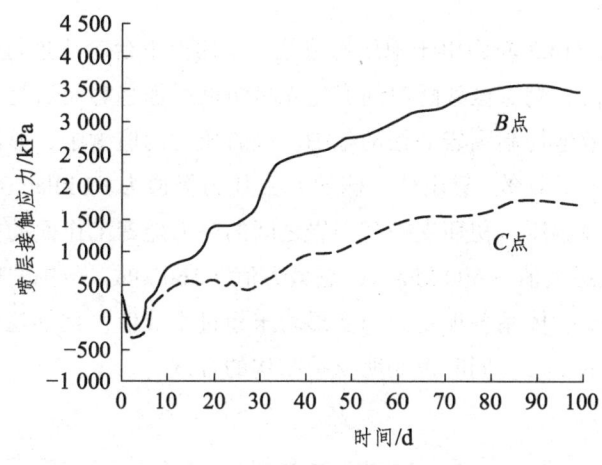

图 10-26　喷层接触应力图

10.6.3　监测结果分析

（1）左线 286 + 117 断面采用全断面开挖，根据地表监测数据、周边监测数据及拱顶监测数据来看，随着工作面的推进变形逐渐趋于收敛，图 10-27 为利用 MATLAB 软件及周边位移数据作出的回归曲线图，其中回归方程为 $U = 13.5\mathrm{e}^{-0.001\,012t} - 18.34\mathrm{e}^{-0.1718t}$，其相关系数 $|r| = 0.974\,7$。根据隧道施工规范，二次衬砌施作要满足围岩及初期支护变形基本稳定并具备下列条件后进行：

① 隧道周边位移速率有明显减小趋势。
② 水平收敛（拱脚边墙中部）< 0.2 mm/d。
③ 施作二次衬砌前的位移值已超过总位移值的 80%。

因此，将回归方程取一阶导数，得到变形速度方程，令 $U' < 0.2$，得 $t > 15.67$，令 $t = 16$ d，即认为 16 d 后可以施作二次衬砌。

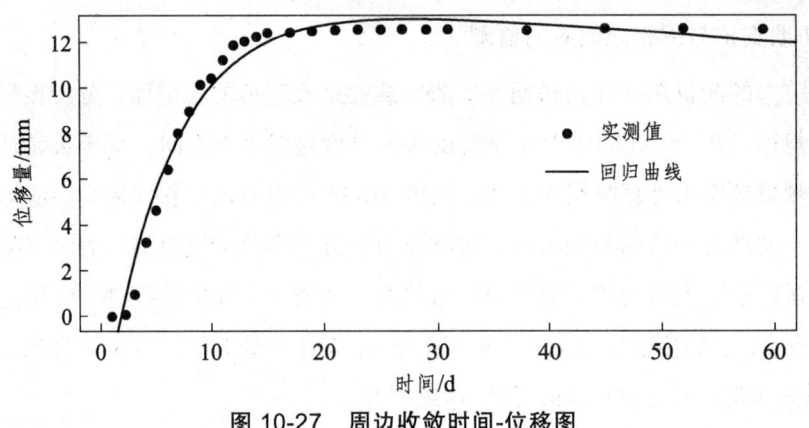

图 10-27　周边收敛时间-位移图

（2）左线 286+314.3 断面由于地质构造原因采用上下台阶法进行施工。在围岩内部位移测量中，钻孔内各测点位移随时间变化先呈缓慢增加趋势而后趋于收敛，表明支护作用明显，锚杆有效地控制围岩的松动范围。围岩压力的监测中，监测点 B、C 随工作面的推进逐渐变大而后收敛，靠山体一侧的 C 点压力极值为 62 kPa，B 点极值为 36 kPa，该断面围岩压力存在偏压。初期支护与围岩之间的应力随着工作面的推进与围岩压力呈类似状态，但 B 点最大值 3 500 kPa，C 点最大值 1 560 kPa，与围岩压力正好相反。综合分析，断面围岩支护体系各项受力与变形均未超过警戒值，且都趋于收敛，表明施工方法有效控制围岩的变形，同时也表明支护结构的合理。

【思考题】

10-1　简述隧道监控量测的目的和任务。

10-2　简述隧道监控量测中周边围岩量测的方法。

10-3　简述隧道施工监测方案设计的任务。

第11章 边坡监测

11.1 概述

边坡在现代社会发展中具有重要的地位，方便了人们的生活，为经济社会的发展提供了动能。然而边坡在建设及维护过程中，也会面临着许多危险和隐患。为了反映边坡岩土真实力学效应，检验设计施工的可靠性和处治后的边坡的稳定性状态，边坡监测具有重要意义。

11.2 边坡监测的作用与分类

11.2.1 边坡监测的作用

边坡即岩、土体在重力作用下或人为活动而形成一定角度的斜坡。边坡上的岩、土体在一定因素影响（如降雨、地震、人工开挖等）及自身重力作用下滑、坠落的现象称之为滑坡。滑坡危害甚大，冲垮房屋、破坏交通、堵塞江河、淹没农田和森林等，威胁人民的生命财产安全，因此边坡监测具有重要意义。

边坡监测的主要任务就是通过监测数据分析边坡的内部力学作用，检验设计与施工的可靠性，确保边坡安全，为其他类似工程积累参考资料，其主要作用：

（1）通过施工和环境监测进行信息反馈及预测预报，确保边坡的安全，为边坡设计提供必要的岩土工程和水文地质等技术资料。

（2）通过边坡监测，确定不稳定边坡滑移方向和速度，掌握边坡发展变化规律，为采取必要的防护措施提供重要的依据。

（3）积累观测数据，总结经验，通过监测资料来揭示边坡的变化规律，为滑坡灾害预警提供科学依据和技术保证。

（4）通过对边坡加固工程的监测，评价治理措施的质量和效果，为边坡的稳定性分析提供重要依据。

11.2.2 边坡监测的分类

边坡监测包括施工安全监测、处治效果监测和动态长期监测。一般以施工安全监测和处治效果监测为主。

1. 施工安全监测

施工安全监测是在施工期对边坡的位移、应力、地下水等进行监测。施工安全监测将对边坡体进行实时监控,以了解由于工程扰动等因素对边坡体的影响,及时地指导工程实施、调整工程部署、安排施工进度等。边坡施工安全监测包括地面变形监测、地表裂缝监测、滑动深部位移监测、地下水位监测、孔隙水压力监测、地应力监测等内容。

施工安全监测数据采集原则上 24 h 自动实时观测方式进行,以使监测信息能及时反映边坡变形破坏特征。如果边坡稳定性好,工程扰动小,可采用 8~24 h 观测 1 次的方式进行。

2. 处治效果监测

边坡处治效果监测是检验边坡处治设计和施工效果、判断边坡处治后的稳定性的重要手段。一方面可以了解边坡体变形破坏特征,另一方面可以针对实施的工程进行监测。例如,预应力锚索应力值的变化、抗滑桩的变形和土压力、排水系统的过流能力等,以直接了解工程实施效果。通常结合施工安全和长期监测进行,以了解工程实施后,边坡体的变化特征,为工程的竣工验收提供科学依据。

边坡处治效果监测时间长度一般要求不少于 1 年,数据采集时间间隔一般为 7~10 d,在外界扰动较大时,如暴雨期间,可加密观测次数。

3. 动态长期监测

边坡长期监测将在防治工程竣工后,对边坡体进行动态跟踪,了解边坡体稳定性变化特征。长期监测主要对一类边坡防治工程进行。边坡长期监测一般沿边坡主剖面进行,监测点的布置少于施工安全监测和防治效果监测;监测内容主要包括滑带深部位移监测、地下水位监测和地面变形监测。数据采集时间间隔一般为 10~15 d。

边坡监测的具体内容应根据边坡的等级、地质及支护结构的特点进行考虑。通常对于一类边坡防治工程,建立地表和深部相结合的综合立体监测网,并与长期监测相结合;对于二类边坡防治工程,在施工期间建立安全监测和防治效果监测点,同时建立以群测为主的长期监测点;对于三类边坡防治工程,建立群测为主的简易长期监测点。

11.3 边坡监测的主要方法

目前，边坡工程监测正由过去的人工皮尺简易工具的监测手段过渡到仪器监测，已实现自动化、高精度及远程控制。通过监测信息的分析得到坡体变形破坏的各种特征信息，分析其动态变化的规律，进而预测边坡工程可能发生的破坏，为防灾减灾提供依据。在监测中使用的方法较多，主要包括简易观测法、设站观测法、仪表观测法、远程监测法等。

11.3.1 简易观测法

简易观测法是通过人工观测边坡工程中地表裂缝、地面鼓胀、沉降、坍塌、建筑物变形特征（发生和发展的位置、规模、形态、时间等）及地下水位变化、地温变化等现象，也可在边坡体关键裂缝处埋设骑缝式简易观测桩，在建（构）筑物（如房屋、挡土墙、浆砌块石沟等）裂缝上设置简易玻璃条、水泥砂浆片、贴纸片，在岩石、陡壁面裂缝处用红油漆画线作观测标记，在陡坎（壁）软弱夹层出露处设置简易观测标桩等，定期用各种长度量具测量裂缝长度、宽度、深度变化及裂缝形态、开裂延伸的方向。

简易观测法对于发生病害的边坡进行观测较为适合，对滑塌和滑坡的宏观变形迹象和与其有关的各种异常现象进行定期的观测、记录，从宏观上掌握崩塌、滑坡的变形动态和发展趋势。该法也可以结合仪器监测资料综合分析，初步判定崩滑体所处的变形阶段及中短期滑动趋势。即使是采用先进的仪表观测方法监测边坡体的变形，该方法仍然是不可缺少的观测方法。

11.3.2 设站观测法

设站观测法是指在充分了解工程地质背景的基础上，在边坡体上设立变形观测点（成线状、格网状等），在变形区影响范围之外稳定地点设置固定观测站，用测量仪器（经纬仪、水准仪、测距仪、摄影仪及全站仪、GNSS 接收机等）定期监测变形区内监测点的三维（X、Y、Z）位移变化的一种行之有效的监测方法。此法主要指大地测量、近景摄影测量及 GNSS 测量与全站式电子速测仪设站观测边坡监测点的三维位移量的方法。

1. 大地测量法

大地测量法主要有两方向（或三方向）前方交会法、双边距离交会法、视准线法、小角法、测距法、几何水准测量法以及精密三角高程测量法等。

大地测量法有如下突出优点：① 能确定边坡地表变形范围；② 量程不受限制；

③ 能观测到边坡体的绝对位移量；④ 在滑坡发生剧滑时，监测仪器设施不会因滑坡加速运动而损坏，监测人员不必到滑坡体上，因此能保证滑坡监测的连续性。

2. GNSS（卫星导航定位系统）测量法

GNSS测量法的基本原理是用GNSS卫星发送的导定位信号进行空间后方交会测量，确定地面待测点的三维坐标。将 GNSS 测量法用于边坡工程监测有以下优点：① 观测站之间无须通视，选点方便；② 定位精度高；③ 观测时间短；④ 观测点的三维坐标可以同时测定，对于运动的观测点还能精确测出它的速度；⑤ 操作简便；⑥ 全天候作业，一般不受气候条件的影响。

3. 近景摄影测量法

该方法是把近景摄影仪安置在两个不同位置的固定测点上，同时对边坡范围内观测点摄影构成立体像对，利用立体坐标仪量测像片上各观测点三维坐标的一种方法。其周期性重复摄影方便，外业省时省力，可以同时测定许多观测点在某一瞬间的空间位置，并且所获得的像片资料是边坡地表变化的实况记录，可随时进行比较。随着技术的发展，三维激光扫描仪也逐渐应用到工程的变形监测，其特点是仪器价格昂贵。

11.3.3 仪表观测法

仪表观测法是指用精密仪器仪表对边坡进行地表及深部的位移、地表裂缝及地声、应力应变等物理参数与环境影响因素进行监测。目前，监测仪器的类型，一般可分为位移监测、地下倾斜监测、地下应力监测和环境监测四大类。按所采用的仪表可分为机械式仪表观测法和电子仪表观测法。对于电子仪表观测，由于传感器长期处于野外恶劣环境中工作，在监测工作中，要时常检查仪器的工作状态。

11.3.4 远程监测法

伴随着电子技术及计算机技术的发展，各种先进的自动遥控监测系统相继问世，为边坡工程，特别是边坡崩塌和滑坡的自动化连续遥测创造了有利条件。这种能够连续观测，自动采集、发送、处理观测数据的远程监控系统目前已成为边坡稳定性监测的重要发展方向。通过对滑坡体深层位移、滑坡体倾斜、地下水、地表裂缝、环境量的监测，配合无线数据采集传输接收系统，将观测数据发送到远程的中心数据接收站，接收站通过配套的数据软件即可实现数据的现场采集、实时监控、异常测值报警，从而可远程监控边坡体的状况。远程监测系统自动程度较高，也较为昂贵，大型、特大型工程监测使用较多。

11.3.5 声发射方法

岩石或岩体受力作用时会不断地发生破坏，主要表现为裂纹的产生、扩展及岩体断裂。裂纹形成或扩展时，造成应力松弛，储存的部分能量以应力波的形式释放出来，产生声发射，据此可推断岩石内部的形态变化，反演岩石的破坏机制。

对边坡岩体进行声发射监测，具有如下几个特点：

（1）具有直接、可靠、快捷的优点。
（2）采用连续监测，劳动强度低、人为因素少。
（3）受气候影响较小，监测结果受干扰也小。

11.4 边坡监测的仪器选择

边坡监测主要为采用仪器人工监测，目前正在向自动化、高精度及远程监测系统发展，表11-1是常见边坡监测内容与方法一览表。

表11-1 边坡监测内容、仪器选择与方法

监测内容	监测方法	仪器、设备	监测方法的特点
外观表征	巡视检查	目测、相机、望远镜等	方法简单易于掌握，投入人力较大，安全性较低。该方法应用于不同施工阶段边坡监测，能立即发现边坡可能存在的危险源，方法简单、易行
地表变形	大地测量法（三角交会法、几何水准法、小角法）	经纬仪、水准仪、测距仪、全站仪、电子经纬仪等	投入快、精度高、监测范围大、直观、安全、便于确定滑坡位移方向及变形速率。适用于不同变形阶段的位移监测；其受地形通视和气候条件影响不能连续观测
	近景摄影法、扫描法	量测摄影机、激光扫描仪	监测信息量大、目前成本较高。适用于变形速率较大的边坡水平位移及危岩峭壁裂缝变化监测；其受气候条件影响较大
	卫星导航定位法	GNSS接收机	精度高、投入快，易操作，可全天观测，不受地形通视条件限制；适用于边坡体不同变形阶段地表三维位移监测
	测缝法（人工测缝、自动测缝法）	钢卷尺、游标卡尺、裂缝量测仪、测缝计、地表位移伸长计等	人工、自动测缝法投入快，精度高，量程可调，方法简单直观、资料可靠
地下变形	测斜法（钻孔测斜法、竖井）	钻孔测斜仪、多点倒垂仪、倾斜计等	精度高、效果好，可远距离测试，易保护，受外界因素干扰少，资料可靠；但测程有限，成本较高，投入慢。适用于边坡体变形初期，在钻孔、竖井内测定边坡体内不同深度的变形特征及滑带位置

续表

监测内容	监测方法	仪器、设备	监测方法的特点
地下变形	测缝法（竖井）	多点位移计、井壁位移计	精度较高、易保护、投入慢、成本高；仪器、传感器受地下水浸湿，易锈蚀。一般用于监测竖井内多层堆积物之间的相对位移，目前主要适应于初期变形阶段，即小变形、低速率、观测时间相对短的监测
	重锤法	重锤、极坐标盘、坐标仪、水平位移计	精度高、易保护，测读直观、可靠；适用于上部危岩相对下部稳定岩体的下沉变化及软层或裂缝垂直向收敛变化的监测
	沉降法	下沉仪、收敛仪、静力水准仪、水管倾斜仪器	精度高、易保护，测读直观、可靠；适用于危岩裂缝的三向位移（$X、Y、Z$方向）监测和危岩界面裂缝沿轴向的位移监测
应变	应变测量法	应变计、点位移计、滑动测微计	精度高、易保护，测读直观、可靠，使用方便。主要用于测定边坡体不同深度的位移量和滑面（带）位置
水文	地下水位监测	水位自动记录仪	精度高，可连续观测，直观、可靠。适用于边坡不同变形阶段的监测，可为边坡稳定性分析提供基础资料使用
	孔隙水压监测	孔隙水压计等	
	泉流量监测	三角堰等	
	河水位监测	水位标尺等	
环境因素	降雨量监测	雨量计	精度高，可连续观测，直观，可靠。适应于边坡不同变形阶段的监测，可为边坡稳定性分析评价提供基础资料
	地温监测	温度记录仪	
	地震监测	地震监测仪	

11.5 边坡监测的内容

边坡监测的项目主要有：变形监测、应力监测、地下水监测。其中变形监测分为地表大地变形监测、地表裂缝监测、深部位移监测等；应力监测包括边坡内部应力监测及支护结构应力监测等；地下水监测包括水位监测、孔隙水压力监测等。

11.5.1 边坡变形监测

1. 地表大地变形监测

地表大地变形监测是边坡监测的一个项目，其实质就是记录变形的水平位移、垂直位移以及变化速率。一般是在稳定的地段设置若干基准点，在边坡的特征点上设置若干个监测点，用仪器定期观测监测点的位移变化。大地变形监测通常应用的仪器有两类：一是大地测量（精度高的）仪器，如红外测距仪、经纬仪、水准仪、全站仪、卫星定位仪等。二是专门用于边坡变形监测的设备，如裂缝计、钢带和标桩、地表位移伸长计（见图 11-1）等。当地表明显出现裂隙及地表位移速度加快时，可以采用能连续监测的设备，如全自动全天候的无线边坡监测系统。

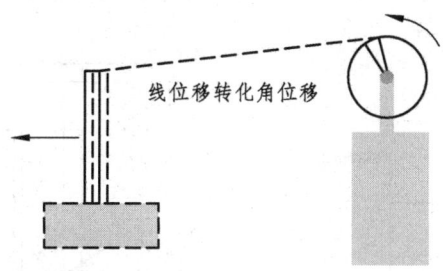

图 11-1　地表位移伸长计

在工程测量规范中对滑坡监测变形观测点位的布设有一定要求：

（1）对已明确主滑方向和滑动范围的滑坡，监测网可布设成十字形和方格形，其纵向应沿主滑方向，横向应垂直于主滑方向；对主滑方向和滑动范围不明确的滑坡，监测网宜布设成放射形。

（2）点位应选在地质、地貌的特征点上。

（3）单个滑坡体的变形观测点不宜少于 3 点。

（4）地表变形观测点，宜采用有强制对中装置的墩标，困难地段也应设立固定照准标志。

2. 地表裂缝位错监测

无论土质边坡还是石质边坡表面裂缝的出现，往往是边坡岩、土体即将失稳破坏的前兆信号，因此这裂缝一旦出现，必须对其进行监测。监测的内容包括裂缝的拉开速度和两端扩展情况，如果速度突然增大或裂缝外侧岩土体出现显著的垂直下降位移或转动，必须要引起警觉。地表裂缝位错监测可采用伸缩仪、位错计或千分卡尺直接量测。对于规模小、性质简单的边坡，采用在裂缝两侧设桩、设固定标尺或在建筑物裂缝两侧贴片等方法（图 11-2），均可直接量得位移量。

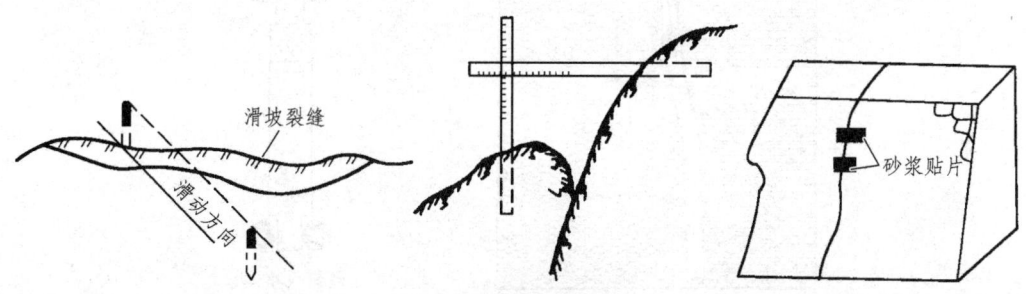

图 11-2　地表裂缝位错监测方法

3. 边坡深部位移监测

边坡深部位移监测是监测边坡体整体变形的重要方法，能有效地监测到边坡岩土体内部的蠕变，预知滑动控制面的位置，能有效指导防治工程的实施和效果检验。边坡深部位移监测手段较多，较简单的地下位移监测方法有塑料管钢棒观测法、变形井监测法、剪切带观测法等，见图 11-3。

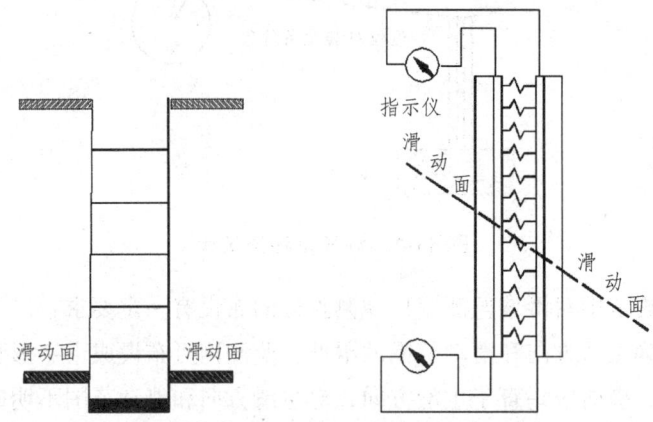

图 11-3 变形井监测法及剪切带观测法

目前国内使用较多的主要为多点位移计和钻孔测斜仪两大类。多点位移计及测斜仪前面已介绍，这里不再赘述。多点位移计在钻孔太深时不易安装，且孔内安装较复杂，其最大的缺点就是不能准确地确定滑动面的位置。

测斜仪在测量深部位移时较稳定可靠，利用机械打转，其测量深度可达百米，且能连续测出钻孔不同深度相对位移的大小和方向。因此，这类方法在观测岩土体深部位移、确定潜在滑动面和研究边坡变形规律应用较多，目前在边坡深部位移量测中广泛采用。图 11-4 为测斜仪测量示意图。图 11-5 所示为钻孔测斜仪成果曲线。利用观测数据可清楚地看到滑带在深度 10.0 m 处。

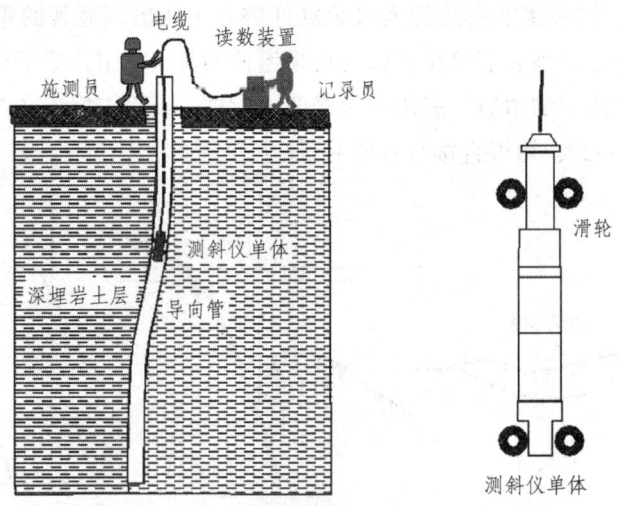

图 11-4 测斜仪进行深部滑带水平位移测量

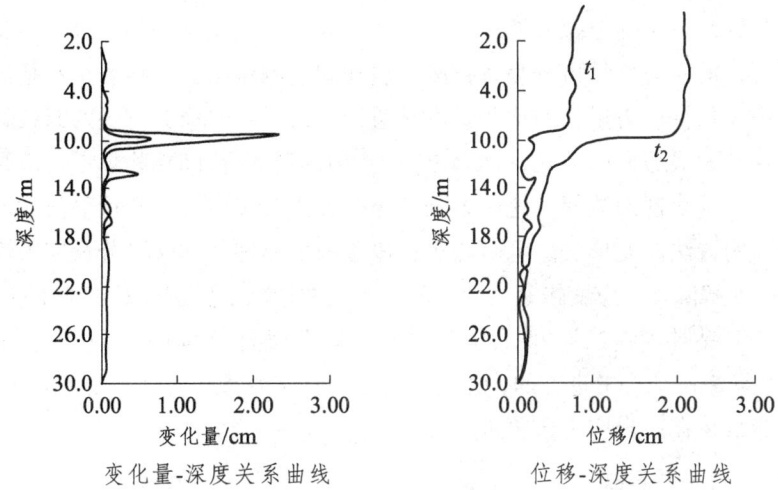

图 11-5 倾斜仪观测成果

11.5.2 边坡应力监测

1. 边坡内部应力测试

边坡内部应力监测可通过压力盒量测。压力盒分为液压式和电测式两类，目前边坡应力测量多用电测式压力盒。值得注意的是，土压力盒埋设接触不良可使压力盒失效或测值失真。另外，压力盒质量的性能好坏，直接影响压力测量值的可靠性和精确度（表11-2）。

表 11-2 几种压力盒性能对比

工作原理	单线圈激振型	双线圈激振型	钨丝压力盒	钢弦摩擦压力盒
结 构	钢丝卧式、钢丝立式	钢丝卧式	钢丝立式	钢丝卧式
使用条件	测土压力、岩土压力	测水压力，土、岩压力	测水压力、土压力	测井壁与土层间摩擦力
特 点	构造简单，输出间歇非等幅衰减波，不适用动态测量和连续测量，难以自动化	输出等幅波，稳定，电势大；抗干扰能力强，便于自动化；精度高，便于长期使用	刚度大，精度高，线性好；温度补偿好，耐高温；便于自动化记录	只能测与钢筋同方向的摩擦力

2. 边坡应力测试

1）地应力测试

地应力是存在于地壳中的未受工程扰动的天然应力，也称岩体初始应力、绝对应力或原岩应力。地壳浅部垂直地应力基本等于岩层自重，而水平地应力普遍大于垂直地应力。地应力的存在将影响周围建筑物的稳定，地应力当达到一定限值如被释放，将产生岩爆、围岩大变形等一系列地质灾害。

地应力测量，就是确定拟开挖岩体及其周围区域的未受扰动的三维应力状态。按照测量原理不同，地应力测量可分为直接测量法和间接测量法。直接测量法是由测量仪器直接测量和记录各种应力量。间接测量法是通过记录某些与应力有关的间接物理量的变化，然后根据已知或假设的公式，计算出现场应力值，这些间接物理量可以是变形、应变、波动参数、放射性参数等。地应力测量分类方法较多，按照测量手段的不同，地应力测量可分为构造法、变形法、电磁法等；按照测量原理不同又可分为应力恢复法、应力解除法、应变解除法、应变恢复法等，现在无论在边坡、隧道还是其他地应力测量中，应用较多的是"钻孔测量法"。此种方法是从岩体表面向岩体中打小孔，直至原岩应力区，地应力测量是在小孔中进行的，由于小孔对原岩应力状态的扰动是可以忽略不计的，这就保证了测量是在原岩应力区中进行。

2）边坡锚固应力测试

锚杆轴力测量目的在于了解锚杆实际工作状态，结合位移量测，修正锚杆的设计参数。

锚杆轴力量测主要使用的是量测锚杆。量测锚杆的杆体是用中空的钢材制成，其材质同锚杆一样。量测锚杆主要有机械式和电阻应变片式两类。

（1）机械式量测锚杆是在中空的杆体内放入 4 根细长杆，将其头部固定在锚杆内预定的位置上。量测锚杆一般长度在 6 m 以内，测点最多为 4 个，用千分表直接读数。量出各点间的长度变化，计算出应变值，然后乘以钢材的弹性模量，便可得到各测点间的应力。通过长期监测，可以得到锚杆不同部位应力随时间的变化关系如图 11-6。

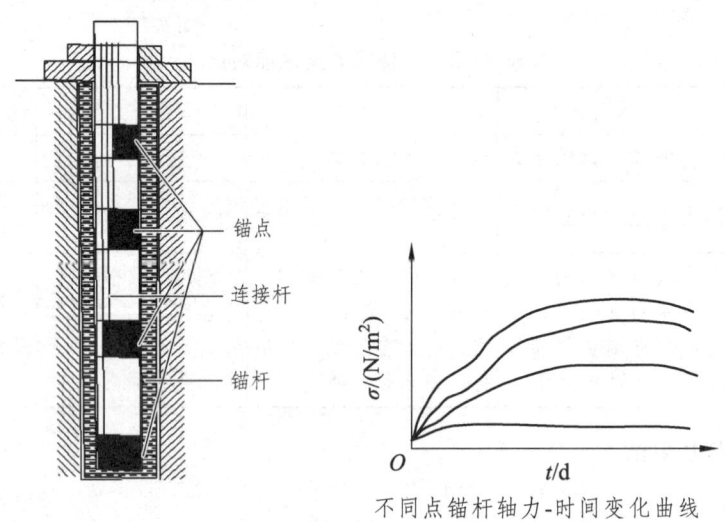

不同点锚杆轴力-时间变化曲线

图 11-6 机械式量测锚杆及其应力-时间曲线

（2）电阻应变片式量测锚杆是在中空锚杆内壁或在实际使用的锚杆上轴对称贴 4 块应变片，以 4 个应变的平均值作为量测应变值，测得的应变再乘以钢材的弹性模量，得各点的应力值。

11.5.3　边坡地下水监测

地下水是边坡失稳的主要诱发因素，对边坡工程而言，地下水动态监测也是一项重要的监测内容，特别是对于地下水丰富的边坡，应特别引起重视。地下水动态监测以了解地下水位为主，根据工程要求，可进行地下孔隙水压力、动水压力、地下水水质监测等。

1. 地下水位监测

地下水位监测利用钻机地面打孔放入水位管（大多采用 PVC 管），将水位计探头放入水位管中，探头遇水发出蜂鸣，此时水位计尺端读数便是水位高度。（具体见第 5 章）

2. 孔隙水压力监测

在边坡工程中的孔隙水压力是评价和预测边坡稳定性的一个重要因素，因此需要在现场埋设仪器进行观测。孔隙水压力测定主要用孔隙水压力计。（具体见第 5 章）

孔隙水压力的观测点的布置视边坡工程具体情况确定。一般原则是将多个仪器分别埋于不同观测点的不同深度处，埋设仪器可采用钻孔法或压入法，一般以钻孔法为主，压入法只适用于软土层。钻孔完成时，先于孔底填少量砂，置入测头之后再在其周围和上部填砂，最后用膨胀黏土球将钻孔全部严密封好。

地下水位监测及孔隙水压力监测这两种方法都不可避免地会改变土体中的应力和孔隙水压力的平衡条件，需要一定时间才能使这种改变恢复到原来状态，所以需要外部条件稳定后再进行观测。

11.6　边坡监测实例

11.6.1　工程概况

某边坡自然边坡坡角为 24°~38°，坡高 40~60 m，地形起伏较大，局部边坡较陡，边坡岩土体组成从上至下为：素填土、砖红色黏土、全风化砂岩、砂岩、页岩。在雨水作用下，雨水渗至相对隔水面受阻，在层面附近形成饱水带较易发生滑坡。为保证边坡的安全，需对边坡进行监测。

11.6.2　监测方案

1. 监测目的

（1）为保证边坡的安全，须对边坡进行监测，以分析其变形趋势，判断稳定性与危险性，实时预警预报。

（2）为滑坡理论和边坡设计研究提供参考依据。

2. 监测内容

（1）表层水平位移和垂直位移监测。

（2）深层岩、土体水平位移和垂直位移监测。

（3）断层和裂缝观测。

（4）地下水位监测。

3. 监测方法

1）**表层岩体水平位移监测和垂直位移监测**

在远离边坡滑动区埋设了 5 个稳定可靠的基准点；离边坡较近的相对稳定地方埋设了 7 个工作基点，基准点与工作基点构成水平位移监测网；为监测边坡表层岩体垂直位移，在边坡影响范围之外埋设了 2 个沉降基准点和 1 个检核基准点，离边坡较近的相对稳定的地方埋设了 8 个工作基点，基准点与工作基点构成垂直位移监测网；监测点共计埋设 72 个。

（1）表层岩体水平位移监测

基准点与工作基点采用有强制归心装置的观测墩。监测网为一等边角网，采用全站仪 TS60（$0.5''$，$0.6\ mm + 1 \times 10^{-6} \times D$）进行角度测量，采用精密测距仪 ME5000（$0.2\ mm + 0.2 \times 10^{-6} \times D$）进行边长测量。监测网最弱点相对于基准点的点位中误差 $\leqslant \pm 1.0\ mm$。监测点相对于工作基点的点位中误差 $\leqslant \pm 2.0\ mm$。

（2）表层岩体垂直位移监测

垂直位移监测网为一等水准网，水准网采用精密水准仪 NI002（标称精度 0.2 mm/km）和配套的铟钢水准标尺观测，要求监测网最弱点相对于基准点的高程中误差 $\leqslant \pm 1.0\ mm$。垂直位移采用精密水准仪 NA02 和配套的铟钢水准标尺进行监测，要求监测点相对于工作基点的高程中误差 $\leqslant \pm 1.5\ mm$。

2）**深层水平位移监测**

深层水平位移采用钻孔测斜仪测量。首先在埋位置钻孔，钻孔偏斜率不大于 1%，钻孔深度以测斜管打入稳定层为准，测斜管的其中一组导槽应平行于边坡轴线方向。测斜管稳定后，以连续 3 次无明显差异的测试结果平均值为初始值，测斜管观测频率与地表观测相同。

3）**深层垂直位移监测**

深层垂直位移采用磁环式分层沉降仪进行监测。根据设计要求结合现场实际情况，在各级边坡设置钻孔，钻孔至稳定岩土层，将封好底盖的沉降管逐节下放，每个孔按间隔 2 m 埋设磁环。沉降管和钻孔之间的孔隙用中粗砂回填。沉降环埋好后，待沉降管稳定后用沉降仪测量 1~2 次，对磁环的位置、数量进行校对，同时用水准仪对管口高程进行测量。对磁环进行编号，将初始各个磁环至管口距离、管口高程作为初始读数记录在表格里。以后每次观测时，水准仪测出管口高程，用沉降仪测出管口以下各沉降环的深度，通过高程对比，计算出地表下不同岩土层的沉降量。

4）裂缝监测

裂缝监测以人工巡视为主，对于地表面发现的裂缝编号归类，每条裂缝设立观测标志，用钢尺测定裂缝变化的距离，读至 0.5 mm，要求两次量测其差值不应大于 1 mm。裂缝的观测周期，视裂缝的发展情况而定，一般每月观测 2 次。当裂缝变化较快时，应增加观测次数。

5）地下水位监测

在各级边坡平台坡脚处布设水位水压观测孔，将水位管预埋在观测孔内。观测孔为钻机成孔，观测孔深度穿过透水层，然后将带有进水孔的水位管（钢管 PVC 管）放入孔中，从管外回填净砂至地表，管口设必要的保护装置。用水位计量测到水位至管顶的距离，测出水位管的高程，推算出水位的高程，观测每月 1 次，当降雨频繁时适当加大观测频率。

通过对水位的监测，可以监测地下水、渗水与降雨的关系，分析边坡变形与降雨之间的关系，进而分析和判断边坡稳定情况。观测次数为每月 2 次，降雨频繁时适当加大观测频率。

11.6.3 监测数据处理与分析

计算出监测点各期的位移量后，进一步计算累积位移量，并根据监测时间与累积位移量作出监测点位移-时间曲线，根据位移-时间曲线对位移变化的规律和趋势进行分析。根据其他监测资料的统计与分析，采用回归分析方法对引起位移的影响因子进行分析，计算各影响因子作用量的大小，并进一步对位移的变化进行预报。

【思考题】

11-1　简述边坡监测的意义。

11-2　简单介绍一下设站观测法及分类。

11-3　简述边坡监测的主要方法。

参考文献

[1] 侯建国,王腾军. 变形监测理论与应用[M]. 北京:测绘出版社,2008.

[2] 岳建平. 变形监测技术与应用[M]. 北京:国防工业出版社,2014.

[3] 李金生. 工程变形监测[M]. 武汉:武汉大学出版社,2013.

[4] 邱冬炜,丁克良,黄鹤,等. 变形监测技术与工程应用[M]. 武汉:武汉大学出版社,2016.

[5] 毛红梅,贾良. 地下工程监控测量[M]. 北京:人民交通出版社,2015.

[6] 杨淑莹. 模式识别与智能计算:MatLab技术实现[M]. 北京:电子工业出版社,2008.

[7] 张金水,彦长斌,等. 基于遗传规划的采空区地面沉陷预测分析[J]. 华北水利水电学院学报,2011.